독일
내면의 여백이 아름다운 나라

독일
내면의 여백이 아름다운 나라

장미영 · 최명원 지음

리수

프롤로그

　시간적·경제적 여유가 허락한다면 요즘은 누구라도 마음만 먹으면 해외 여행을 할 수 있는 좋은 시절이다. 그러나 언제부터 언제까지였는지는 잘 모르지만, 그리고 나름대로 그럴 만한 이유는 있었겠지만, '국가 차원'의 허가가 떨어져야만 외국에 나갈 수 있었던 다소 '엉뚱한' 규정이 우리 나라에 있었다. 설득력 있는 명분 등, 이른바 '자격 요건'이 필요했던 것이다. 우리가 학생이던 때도 그랬다. 그만큼 외국 가기가 어렵고 드문 때였으니, 자연히 젊은 마음 속에 품었던 타지에 대한 이름 모를 동경 같은 것은 다른 수단을 통해 알아서 해소해야 했다. 대부분의 학생에게는 그것이 문학이고 음악이고 철학이었다. 손에 잡힐 리 없는 이런 것들과 몇 년이고 씨름하다보면 그 나라의 문화와 삶에 대한 나름대로의 '밑그림'이 그려지게 마련이었다.
　설레는 마음으로 일본과 알래스카를 거쳐 독일 땅을 밟은 이후 거의 무의식적으로, 또 습관적으로 해온 것은, 현장에서 체험하는 독일과 여지껏 품고 있던 독일에 대한 이런 저런 이미지들을 서로 비교하는 일이었다. 나의 주관적 상상이 현실에 그대로 재현되고 있음을 확인하면서는 말할 수 없는 뿌듯함을 맛본 반면, 행여 그 그림이 어그러졌을 때는 마치 꿈이 일그러진 것처럼 몇 배나 실망하곤 했었다.
　문호가 활짝 개방된 지금, 우리 나라 사람들의 요즘 여행 문화와 외국에 대한 시각은 당연히 아주 많이 달라졌다. '세계화 시대'란 말에 걸맞게 여기서

접할 수 있는 정보도 무궁무진할 뿐 아니라, 떠나기도 쉬워졌다. 웬만한 대학생들에게도 배낭 여행이며 어학 연수가 필수 조건이 된 지 오래다. 그리고 유럽의 기차 안에서 우리말을 듣는 것은 이제 일상에 속한다. 옛날에 그랬던 것처럼 자기만의 이미지를 가지기 위해 책과 씨름할 필요도, 오랜 동경을 가슴속에 품을 필요도 없이, 보름 간 유럽 십 개국 여행을 하기만 해도 둘러본 고장에 대해 또렷한 인상을 새길 수 있다. 그리고 마음속으로 이렇게 외칠 것이다: "왔노라! 보았노라! 알았노라!" '백문이 불여일견百聞而不如一見'이니 이 얼마나 좋은 일인가.

하룻밤 묵은 독일의 호텔에서, 아니면 잠깐 들른 상점에서 상냥하게 웃음 짓는 독일인을 보기라도 하면 '아, 독일 사람은 정말 친절해'라고 생각하는 반면, 기차 안에서 일행과 수다를 떨다가 마주친 생뚱맞은 눈길에서 독일인의 엄격함, 심지어는 거만함(?)을 느끼기도 할 것이다. 어쩌면 이런 피상적 경험이 가장 본질적인 것에 근접해 있을 수 있다. 꺼풀이 곧 알맹이인 양파처럼 말이다. 하지만 하나의 표면적 현상 이면에는 깊은 문화적 배경이 자리잡고 있는 경우도 허다하다. 그리고 그것을 제대로 이해하고 수긍하기까지는 사소한 오해와 착각과 교정의 과정이 필수적일 때가 있다.

이 책은 우리 두 필자에게 주어졌던 그런 자잘하지만 특별한 경험의 여정을 담고 있다. 아련한 기억으로부터 독일이라는 나라와 그 곳의 사람들을 다시 불러내어 독자들과 느낌을 함께 나누려는 소박한 시도이다. 특히 독일을 알고 싶은 이들에게는, 현실로 확인된 우리의 오랜 동경의 조각들을 보여주는 그런 역할을 감히 자처하고 싶다. 그렇다면 이렇게 말하는 우리는 독일이라는 나라를 과연 속속들이 잘 알고 있다고 할 수 있을까. 대답은 '나인 nein' 즉 아니다. 하지만 ─ 두 세계에 속했던 사람들의 '못된' 습성인 ─ '관찰하기'와 '비교하기'를 끊임없이 계속하면서 이들을 알아가고 있는 '아직도 진행형'이다.

 귀국하고 나서도 길고 짧은 독일 여행을 할 기회가 이따금씩 있다. 그럴 때는 모든 면에서 자연스럽게 우리가 머물렀던 때와 비교를 하게 마련이다. 우선 십여 년을 뛰어넘어도 여전히 거의 똑같은 가격과 상표의 샴푸를 살 수 있다는 게 반갑다. 독일에서 알고 지낸 친구들의 연락처가 그새 바뀌어도 걱정할 필요가 없다. 부모님 댁 주소와 전화 번호가 건재하기 때문이다. 그만큼 그들은 웬만하면 사는 곳을 자주 바꾸지 않는다. 친구가 태어날 때 심겨진 나무가 그대로 아름드리 울타리가 되어주는 곳이다. 변화가 없어 심심하다 하면 할 말이 없지만, 자기의 현재를 있는 그대로 사랑하는 소박함을 맛볼 수 있어서 따뜻함을 느끼게 된다. 상전벽해桑田碧海의 나라에서 온 우리는 특히 그렇다.

 또 독일은 우리가 상상하는 것 이상으로 깨끗하게 가꾸어진 나라다. 그러나 이 깨끗함은 단순히 외관을 정리하는 것 이상의 의미를 가진다. 삶의 질을 높이기 위한 환경 의식은 그 스케일에 있어서 차원이 다르다. 거리를 깨끗이 치우고 꽃을 심어 단장하며 물줄기 몇 개 맑게 하는 정도가 아니라, 도시 전체를 순환하는 공기의 흐름을 계산하여 건물을 짓고 도로를 내며 공원을 만든다. 눈길이 닿는 곳 어디나 풍성한 녹지가 펼쳐져 있다.

 이런 철저함은 바로 그들의 '원칙주의'와 맞닿아 있다. '준법 올림픽' 같은 것이 있다면 단연 세계 선수권의 명예를 누릴 만하다. '법 따로 현실 따로' 같은 것은 아예 존재하지도 않는다. 법은 지키기 위해 만들어진 것이고, 서로가 법을 지킨다는 것은 개개인의 삶에서 평화와 안전을 보장받는다는 보증 수표와도 같다. 이런 평범한 상식이 그야말로 일상적으로 통하는 곳이 독일이다. 관공서에서 일을 보게 될 경우, 담당 공무원들은 대부분 바로 손이 닿는 곳에 마련해둔 빨간 색 표지의 두툼한 규정집을 뒤적거리면서 업무와 관련된 조항을 찾아 확인하며 서류를 검토한다. 할 수 있는 것과 할 수 없는 것, 해야만 하는 것과 해서는 안 되는 것들이 분명하다.

모든 것이 제자리를 찾아야 안도하는 사람들. 이러한 사고방식의 중심은 두말할 것 없이 합리성에 있다. '적당히 눈치봐가면서' 발휘하는 융통성보다는 합리성과 공공의 편익을 지상 목표로 한다. 우리로서는 다소 적응하기 어려울 정도의 규칙에 의해 돌아가는 사회처럼 보이지만, 독일인의 시각에서는 합리적인 것만큼 편안한 것은 없는 듯 보인다.

정확함, 근면 성실한 태도, 절약 정신 등 독일인들의 미덕은 '라인 강의 기적'과 더불어 ─ 아마도 우리 나라뿐 아니라 전세계 ─ 도덕 교과서의 '신화'가 된 지 이미 오래다. 그러나 독일적인 것의 본질이 경제적 부와 현실적 견고함뿐이라면 독일의 매력은 일상적인 데 주저앉아 그 빛을 잃고 말 것이다. 독일의 진정한 저력을 말하라면, 그 모든 것을 현실로 가능하게 한 내면의 힘을 빼놓을 수 없다. 오랜 시간 척박한 기후를 극복하면서 살아온 독일인에게는 이탈리아나 프랑스·스페인의 라틴 문화의 화려하고 구체적이면서 시각적인 매력보다는 오히려 사변적이고 명상적인 삶의 방식이 체질적으로 더 친숙했나보다. 그래서인지 그들은 삶을 외형적으로 치장하기보다는 내면적으로 심화시키는 방식을 택해왔다. '사건'에 치중하기보다 주인공의 내면의 모습을 부각하는 대부분의 독일 소설처럼 '내면성'과 '사변적 분위기'는 독일인 자체의 모습이기도 하다. 고요하고 소박한 자연, 평범한 일상의 여백은 독일 사람들의 사색적 품성의 원천이 되었으며, 인생의 본질에 대한 질문으로까지 이어졌다. 독일인에게 내재하고 있는 '존재의 엄숙함'에 대한 끝없는 물음과 각성은 철학과 문학에서 가시적인 성과를 엿볼 수 있다.

이들은 예로부터 학문의 기초를 언어에서 찾았다. 언어에 대한 감각이야말로 상상력의 원천이자 지적인 토대를 마련해주기에, 모든 학문의 토대라고 믿었던 것이다. 이들의 언어에 대한 남다른 감수성은 외국 문학을 습득하면서 자국 문학의 지평을 넓혀주었다. 그리고 탄탄한 외국어 실력은, 다양한 외국 문학을 가까이서 접하고 또 그 장점을 독일어와 독일 문학에 적용시킬 수 있는 가능성까지 열어주었다. 이것이야말로 19세기 이후 독일 문학이 유럽을 넘어서서 세계 문학으로 당당히 자리 매김하게 된 배경이기도 하다.

이에 덧붙여 독일을 말하면서 빼놓을 수 없는 것은 뭐니뭐니 해도 음악이 아닐까 한다. 독일과 음악의 관계를 가장 멋지게 설명해준 이는 다름아닌 니체다. 그는 『비극의 탄생』이라는 저서를 통해 '합리적' 독일 정신은 음악에 의해 '창조적'으로 혁신되어야 한다고 강조했다. 이성에 바탕을 둔 합리성은 인간 본래의 창조성과 상상력을 말살시키고, 과거로부터 축적된 지식에만 안주하게 만드는 원흉이기 때문이다. 이런 점에서 독일인에게 음악은 상실된 인간의 본래적 능력을 회복시키는 유일한 수단이자, 합리성에 억눌린 그들만의 민감한 창조성을 제대로 분출시킬 수 있었던 출구였던 셈이다.

저력 있는 독일, 이를 뒷받침해줄 수 있는 또 하나의 근거는 '교양 시민'이라는 아주 독일적인 이름에서 찾을 수 있다. 교육받은 시민 계급의 힘이란 곧 '정신적 중산층'의 힘이기도 하다.

이 책에서 우리는 위에 잠시 언급한 독일의 다양한 모습들을 스케치하고자 했다. 센트까지 정확히 헤아리는 현실적 감각에서 어떻게 그런 높고 깊은 내면의 문학과 음악과 철학이 꽃필 수 있었는지, 말하자면 동전의 양면과도 같은 이런 '모순'의 이면까지도 들여다보려 했다. 그리고 이미 독자들에게 독일의 '전형'으로 익히 알려져 있을지도 모를 일상적 습관들일지라도, 개인적인 삶의 반경에서 직접 체험한 에피소드에 담아내어 피부에 와닿는 선명하고 생생한 색깔을 입혀주려 했다. 이렇게나마 반쪽이 아닌 하나의 독일의 얼굴을 소개하고 또 공감하고 싶은 소박한 마음에서다.

감성적·지적 측면 이외에도 우리 나라가 독일에 좀더 가까이 다가갈 이유는 또 있다. 전세계에 유일하게 남겨진 우리의 분단 상황 때문이다. 독일 통일의 과정은, 미묘하게 얽혀 있는 최근 국제 정세의 판도에서 한반도의 통일 문제와 관련하여 훨씬 더 객관적이고 냉철하게 접근되어야 할 테마다. 통일을 전후한 독일 사회의 제 문제, 그리고 이에 앞서 분단의 배경이 되었던 나치 시대, 유태인 문제 등 매우 비중 있는 사회 정치적 주제들은 — 이 책의 전체 흐름을 고려한다는 취지에서 — 아쉽게도 행간에서 다루어질 수밖에 없었다.

첫 독자가 되어준 제자 이정윤에게, 그리고 투명한 시선을 통과한 사진들로 풍경뿐 아니라 독일의 내면까지도 엿볼 수 있게 도와주신 이정준 선생님, 홍진호 선생님께 깊은 감사를 드린다.

2006년 봄의 한가운데서
장미영, 최명원

차례

프롤로그

1부. 보이지 않는 아름다움을 찾는 사람들

축구, '민족'을 확인하는 유일한 장 —— 15
> 갈색 폭격기 '차붐' —— 27

67명의 노벨상 수상자를 배출한 나라 —— 30
수준 높은 교양인의 나라 —— 36
정신적 중산층이 두터운 고전 음악의 나라 —— 44
> 언어가 끝나는 곳에서 시작되는 '음악' —— 56

사건이 일어나지 않는 소설, 세계 문학의 정점 —— 63
날씨와 풍광이 만들어낸 내면적 취향 —— 74

2부. 합리적인 사고방식이 주는 행복

토론할 때 가장 섹시한 사람들 —— 89
딱딱하지만 정확한 독일어의 정직성 —— 95
사색하는 국민성이 부른 정치적 비역동성 —— 100
굼뜨지만 합리적이고, 무서울 정도로 정확한 돈 계산법 —— 106
융통성마저도 합리적이어야 행복한 사람들 —— 111
최신 네비게이션을 뺨치는 '친절한' 독일인 —— 116
때론 까다롭고 때론 낭만적인 독일 사람들의 격식 차리기 —— 120

안전이라면 자다가도 벌떡 일어설 사람들 —— 127
황당한 물 값 이야기 —— 138
환경을 위해 기꺼이 불편을 감수하는 사람들 —— 146
소리 없이 흔적 없이 즐기는 주말 풍경 —— 154

3부. 원칙이 중시되는 독일인의 일상

진한 커피 향으로 시작하는 독일의 아침 —— 165
동화 속처럼 예쁜 집은 어떻게 꾸려지는가 —— 170
아침과 저녁은 찬 음식, 점심은 따뜻한 음식 —— 182
속옷을 다려 입는 사람들 —— 189
공무원의 주례로 이루어지는 결혼 —— 194
혈액형을 묻지 마세요 —— 202
인격체로 존중하고 배려하는 자녀 교육 —— 210
청춘의 자유 시간을 최대한 연장하는 대학생들 —— 216
대학 졸업은 언제 어떻게 하는가 —— 225

부록
낯선 독일에 드리운 우리의 얼굴, 이미륵과 윤이상 —— 231
파독 한국인 근로자, 그들이 우리에게 남긴 숙제 —— 241

에필로그

1부
보이지 않는 아름다움을 찾는 사람들

축구, '민족'을 확인하는 유일한 장

유럽에는 '축구'가 있다. 물론 거기말고 남미에도 우리가 넘볼 수 없는, 남부럽지 않은 화려한 축구가 있다. 1930년에 시작되어 2002년 한일 월드컵까지 모두 17회 개최된 월드컵에서 이 두 대륙을 제외한 그 어떤 대륙에서도 쥘 리메 컵이 빛을 발한 적은 없다. 독일과 이탈리아가 각각 세 차례, 영국과 프랑스가 한 번씩 해서 모두 여덟 차례 유럽이 우승했다면, 브라질이 다섯 번, 우루과이와 아르헨티나가 두 번씩 모두 아홉 번의 우승이 남미의 몫이었다. 남미가 한 번 더 우승하기는 했지만 우열을 쉽게 가릴 만큼 큰 차이는 아니다. 단지 그들은 축구라는 하나의 이름 아래 서로 다른 유형의 그림을 만들어내는 것이다. 그리고 한쪽이 힘과 조직의 축구를 구사한다면, 다른 한쪽은 음악적 유연함과 천재성을 바탕으로 하는 '예술 축구'를 보여준다.

'유럽에는 축구가 있다'는 말인즉슨, 그 좁은 땅 덩어리에 다닥다닥 붙어 있는 나라들의 희한한 문화적 차이만큼이나 스타일이 다양하면서도 개성이 넘치는 '축구의 복합체'가 있다는 의미에 다름 아니다. 남미의 축구는 아름답지만 어쩌면 슬프기도 하다. 이들의 축구에서 묻어나는 것은 '꿈'인 까닭이다. 옛날 우리에게 복싱이 그러했듯이 말이다. 그런데 유럽의 축구는? 이것은 풍요의 산물이고 거대 기업이며 엔터테인먼트다. 그 몬스터는 세계적으로 가장 '값나가는 발'을 가진 사람들을 구대륙으로 끌어들인다. 어디 그뿐이랴. 지난 2002 한일 월드컵 이후 우리에게 그 이름도 더 이상 낯설지 않은 챔피언스리그, UEFA컵 유럽축구연맹컵, UEFA수퍼컵, 인터토토Intertoto컵 등의 클럽 리그와 4년마다 열리는 국가 대표팀 경기인 UEFA EURO 유럽축구선수권대회 등등, 프로와 아마추어 팀들의 크고 작은 공식·비공식 경기가 거의 매일같이 열린다. 물론 말 그대로 '그들만의 리그'를 벌이는 것이다. '축구 캘린더'라는 말이 생길 정도다.

이런 유럽에서도 축구의 종주국이라는 자부심이 유독 강한 건 영국인들이다. 다른 여러 나라들은 당연히 심기가 불편할지 모르겠다. 하지만 축구의 역사나 축구의 규칙과 경기 체제를 정립한 공로에 있어서나 아니면 프리미어 리그 선수들의 화려한 명성이나 국제 경기에서의 괄목할 만한 결과를 고려해보아도, 이 사실에 합리적으로 수긍할 만한 이의를 제기할 사람들은 그리 많지 않을 것이다. 그럼에도 독일인들에게 축구 사랑은 남다르다. 여기에는 월드컵 통산 3회 우승이라는 자부심도 작용한다. 그러나 내 어줍잖은 사견을 앞세우면, 여기엔 독일 현대사의 어두운 그림자도 한몫을 하고 있다.

1945년 독일 패전이 가져온 상흔은 깊고 깊었다. 역사적인 과오에 대한 뼈 속 깊이 사무친 죄의식은 물론이고, 이 사건은 독일인들에게 가히 '문화의 상실'이라는 무형의 상처를 가져왔다. '독일 민족'의 이념을 더 이상 들먹여서는 안 된다는 불문율을 가슴 깊이 새기게 된 것이다. 그것은 '민족'을 앞세우는, 민족과 관련된 모든 과거와의 결별을 뜻했다. 여기에는 우리 외국인들에게는 순박한 인간 정서의 총체인 독일 민요나 민담, 동화 등을 아우르는 '독일의 정신'이 포함되어 있다. 국가 사회주의가 남긴 또 다른 교훈은 모든 '집단주의'에 대해 과감하게 등돌리기였다. 대

독일인들에게 축구 사랑은 남다르다. 여기에는 월드컵 통산 3회 우승이라는 자부심도 작용한다. 그러나 여기엔 독일 현대사의 어두운 그림자도 한몫을 하고 있다.

규모 집회는 독일인들에게 곧장 히틀러의 집단 최면을 연상시켰기 때문이다.

이런 그들에게 '민족'과 '대중'이라는 개념의 비극적 콤플렉스를 잠시 잊고 수천 수만의 인간이 어우러져 어깨동무를 할 수 있게 만드는 축제가 바로 축구다. 물론 이런 진단을 어느 누군가가 사회학적으로, 또는 통계적으로 시도했는지는 알 수 없지만, 적어도 나의 눈에 비친 독일 축구의 심리학은 그렇다.

아무튼 1954년 월드컵 우승을 계기로 세계적으로 급부상하면서 승승

장구하던 독일 축구는 1990년의 세 번째 월드컵 우승과 동서독 통일을 기점으로 더욱 강해지리라는 예상을 뒤엎고 여러 가지 구설수에 휘말렸었다. 지독히 운이 없거나 확실한 스타 플레이어의 부재, 새 선수를 발굴하는 데 게을러 세대 교체에 실패했다는 점, 남미 팀들을 선두로 한 아트 사커의 시대에 조직과 압박을 내세운 지루한 수비 축구 등이 직접적 원인으로 지적되면서 비난을 받고 있는 것이다. 특히 유럽의 명문 클럽들이 남미나 타국의 유력 스타들을 거금을 치르고 모셔와 축구에 새 바람을 불러일으키고 더 나아가 소위 세계적 흐름에 유연하게 대처해나간 반면, 독일은 이러한 분위기를 전혀 감지하지 못했거나 거기에 반응하지 못하다가 왕년의 '전차 군단'에서 '녹슨 전차'로 전락했다는 것이다.

실제로 차범근 선수가 활약하던 시기를 포함하는 1970/80년대 독일의 분데스리가는 지금의 영국 프리미어 리그의 인기를 능가하는 첨단 리그였다. 그런데 지난 20~30년을 돌이켜보면 독일의 클럽에는 외국인 선수가 많지 않고, 또 독일 선수들 중에서도 외국의 클럽에서 뛰는 선수들이 다른 유럽 국가에 비해 그리 많지 않다. 독일 국가 대표팀을 보아도 네덜란드나 프랑스 등과는 달리 소위 유색 인종이 드물다. 일단 과거 제국주의 시대에 식민지가 없었던 것도 그 이유가 되겠지만, 경제적 이유도 한몫을 한다. 독일 팀 선수들의 보수는 자세히 기술할 수 없지만 아무튼 일반적으로 세계 최고의 수준임에는 틀림없을 것이기 때문이다. 그런 저런 이유들이 독일 선수들을 세계 시장에서 상대적으로 무명 인사로 만들고, 또 국제적 흐름에 둔감하다는 뒷소리를 듣게 하는 요인임에는 틀림없다.

그럼에도 불구하고 독일 축구에는 무시하기에는 아직도 켕기는 무엇이 있다. 세계 축구를 얘기할 때 호나우두, 지단, 피구, 긱스, 베컴, 라울,

2006년 독일 월드컵을 앞두고 독일의 주요 도시를 순회하는 대형 축구공.

인자기, 앙리, 말디니, 트레제게 등 언제나 인구에 회자되는 수많은 스타 플레이어들이 있지만, 여기 버금가는, 세계 축구사의 한 페이지를 장식했던 독일 '전차 군단'의 명승부사들도 즐비하여 그 이름과 업적을 다 칭송하기 어려울 정도다. 명실상부한 독일 축구 신화의 원조 게르트 뮐러, 폴 브라이너 등 과거의 이름은 접어두더라도 우리가 현재 또는 최근까지 목도해왔던 '위대한 독일인들'이다.

프란츠 베켄바우어, 독일의 '영원한 리베로'인 '카이저 베켄바우어'.

그는 독일뿐 아니라 전세계 축구 역사상 가장 뛰어난 선수이자 감독이었을 뿐만 아니라 가장 커다란 행운의 주인공이었다고 해도 지나치지 않다. 21세가 되던 1966년 월드컵에서 첫 선을 보인 그는 비록 영국에 패하여 우승을 놓쳤지만 준우승컵을 안았고, 이어 1970년 멕시코 월드컵에서는 3위로 투혼을 불살랐다. 그 후 1974년 서독 월드컵에 주장으로 출전한 그는 쥘 리메 컵을 품에 안는 영광을 누렸다. 독일 통산 두 번째 우승이었다.

그의 제2의 인생은 감독으로 시작된다. 1986년 멕시코 대회에서 팀을 결승까지 진출시켰으나 아깝게 준결승에 머문다. 행운의 완결편은 1990년 이탈리아 월드컵이었다. 4년 전 아르헨티나에 아깝게 넘긴 우승컵을 이번에는 패널티킥으로, 그것도 무패의 전적으로 가슴에 끌어안게 된 것이다. 이날의 역사적 흥분은 나도 조금은 공유한 바가 있다. 아직은 축구에 문외한이었던 90년의 어느 주말, 친구 생일 파티에 갔다가 정신없이 자전거 페달을 밟으며 늦은 귀가를 서두르고 있었다. 그때 갑자기 한밤의 정적을 깨는 자동차 클락션 소리가 삽시간에 밤거리를 덮었다. 동시에 엄청난 환호의 함성이 터져나왔다. 한밤의 고요 속으로 갑자기 침입해 들어온 대낮 같은 동요와 흥분…. 역방향 질주를 하며 순식간에 차도를 가득 메운 자동차들을 목격하면서 어이없음도 잠깐, 나는 그만 겁에 질리고 말았다. 차가 없어도 빨간 신호등에서는 가던 길을 멈추는 예의 그 '독일 준법 정신'이 상실된 순간이었다. 잘하지도 못하는 육두문자를 되뇌이며 조심스레 집으로 돌아왔다. 그 이유를 안 것은 다음날이었다. 문제는 바로 축구였던 것이다.

아무튼 다시 베켄바우어로 되돌아오면, 그는 선수로 출장한 세 차례 월드컵에서 모두 우승·준우승·3위 입상으로, 그리고 감독으로 두 번 이름을 올린 월드컵에서는 준우승과 우승의 믿기지 않는 영예를 거머쥐었다. 가히 세계 축구사에 없는, 재능에만 의존하기에는 너무나 버거운, 특별한 은총의 도움으로만 가능한 결과로 독일 축구사, 더 나아가 세계 축구사의 바래지 않는 한 페이지를 장식한 것이다. 이후 그는 '모두의 영웅'이기도 한 올리버 칸 소속 FC 바이에른 뮌헨의 구단주를 지냈으며, 2006 FIFA 월드컵 조직 위원회 위원장직을 맡아 활발히 움직이고 있다. 아마도 독일 월드컵의 해인 2006년 우리는 그의 이름과 세련된 모습을 좀더 자주 듣고 보게 될 것 같다.

선수와 감독으로 누린 베켄바우어의 영예를 바짝 뒤쫓고 있는 이가 현재 독일 국가 대표팀을 이끌고 있는 위르겐 클린스만이다. 베켄바우어 감독의 지휘하에 마테우스와 더불어 이탈리아 월드컵 우승의 견인차가 되었던, 그리고 불혹의 나이에 접어든 2004년부터 감독직을 맡아 2006년 월드컵에서 독일 축구의 화려한 부활을 위해 절치부심한다는 점에서 그는 부지런히 카이저 베켄바우어의 발자취를 쫓고 있다고 해도 지나치지 않다. 1990년 우승팀으로 월드컵에 참가한 이래 이후 두 번을 연속 출장한 그의 경력도 이에 한몫을 한다.

독일의 여타 선수들과는 달리 그는 이탈리아 인터밀란과 영국의 토튼햄 핫스퍼에서 수년 간 활약한 국제적 스타이기도 하다. 골 하나에 일희일비하는 유럽 클럽 축구, 그것도 영국 프리미어 리그의 최고 선수, 독일 분데스리가 득점왕을 차지했던 그의 인기가 어떠했는가는 가히 짐작할 만하다. 그가 합류하기만 하면 시들했던 팀들이 기사회생했다 하니 그의 운도 베켄바우어의 그것에 버금가는 바, 2006 월드컵에서 과연 그가 한 편의 잊혀진 독일 신화를 새로 쓸지 기대해봄 직하다.

세계 최고의 수비수 올리버 칸. 분데스리가 사상 최고의 이적료, 그리고 최다 시간 연속 무실점이라는 숫자상의 계산보다 2002 한일 월드컵의 야신상에 빛나는 월드 스타이기도 하다.

클린스만의 시대에 거의 언제나 그의 이름과 함께 거론되는 인물이 로타 마테우스다. 클린스만의 라이벌이라고 칭하기엔 공격수와 수비수라는 그 둘의 포지션은 너무도 다르다. 하지만 여러 면에서 그들은 그런 세간의 평에 직·간접적으로 수긍을 하기도 했다. 통산 다섯 번의 월드컵 출전만으로도 엄청난 무게를 갖는 마테우스는 국가 대표 미드필더로 1990년 월드컵의 MVP였다. 인터 밀란에서 뛰었던 4년을 제외하고는 모두 독일팀에서 뛰었다. 이미 20세의 나이에 그는 일명 '게르만의 혼'으로 불리웠으니, 그의 천재성이나 투지를 일컬음인지는 모르겠으나 그의 인기 역시 짐작하고도 남는다. 우리 축구 영웅 차범근과의 인연을 여기서 놓쳐서는 안 되겠다. 1980년 UEFA 컵 결승전에서였다. 프랑크푸르트와 보루시아의 두 차례 대전쟁에서 마테우스는 차선수의 전담 마크 특명을 받아 뛰었다고 한다. 결국 마테우스를 제낀 차붐의 활약으로 그가 소속한 프랑크푸르트 팀은 창단 이후 첫 UEFA 우승컵을 품에 안을 수 있었다.

올리버 칸은 더 말할 나위가 없다. 세계 최고의 수비수, 세계 최고의 공격수를 묻는 질문은 항상 논쟁 거리를 몰고 온다. 하지만 세계 최고의 골키퍼는 아주 순간적으로 답할 수 있는 쉬운 질문에 속한다. 그만큼 의견의 일치가 쉽다는 뜻이다. 최근 소속팀 바이에른 뮌헨과 2008년까지 재계약에 성공함으로써 나이를 둘러싼 세간의 의혹의 눈길을 불식시키며 '노익장'을 과시한 주인공이다. 그리고 우리에게는 분데스리가 사상 최고의 이적료, 그리고 최다 시간 연속 무실점 12시간 17분이라는 숫자상의 계산보다 2002 한일 월드컵의 야신상에 빛나는 월드 스타이기도 하다. 독일 밴드 '왕자들 Die Prinzen'이 만들었다는 '올리 칸 송'은 격의 없는 대중적 인기를 가늠하게 한다. 노래는 이렇게 끝난다.

　사나이 칸은 아무도 못말려
　발에는 축구화 징이 붙어 있네
　올리 칸은 캡틴
　우리를 위해 진흙탕에 몸을 날리네
　칸은 새처럼 날아다니며
　서 있을 새가 없다네

때로는 그렇게 하지 않아서
골을 먹을 때도 있네

스페인의 카시야스, 파라과이의 '신의 손' 칠라베르트, 프랑스의 바르테즈, 이탈리아의 부폰 등 하고 많은 멋진 용모와 카리스마에 빛나는 세계의 골키퍼들을 제끼고, 그가 단연 최고의 자리를 수년 간 지켜내는 힘의 원천은 어디 있는지 자못 궁금증을 불러일으킨다. 어쩌면 그것은 그의 온몸에서 뿜어져나오는, 공을 향한 야수적 방어 본능이 아닐까. 그가 과연 2006년 홈그라운드에서 변함없는 최고 골키퍼의 철벽 수비를 전세계인에게 과시할 수 있을지 궁금하다. 그리고 노이빌레, 발락, 칸, 2002 한일 월드컵에서 첫 헤트트랙을 기록하여 세계인의 눈을 사로잡은 신예 클로제 등을 주축으로 하는 독일팀에서 그는 어떤 그림을 그려낼까? 자유와 해방감을 느끼게 하는, 거친 90분의 격투에서 축제와 유희의 미학을 이끌어내는 프랑스 예술 축구는 아니더라도, 독일 축구에는 예측 가능한 계산된 조직과 힘의 축구가 있다. 그리고 깜짝 쇼가 아니라, 그 결과에 고개를 끄덕이게 하는 성실한 저력이 이들에게는 있다.

올 2006년 6월 9일부터 7월 9일까지 꼭 한 달 간 독일에서는 "전세계 손님을 친구처럼"이라는 공식 모토 아래 또다시 월드컵이 열린다. 모두 열 두 경기장에서 64경기가 치러진다. 최근 소식에 의하면, 독일은 2002년 월드컵 서울 발發 세계적 화두였던 '거리 응원'을 벤치마킹한 응원전도 곳곳에서 선보일 것이라 한다. 또 우리 교민들도 '붉은 악마'와 함께 독자적으로 거리 응원의 진수를 보여줄 것이라 하니, 상대적으로 뒤늦게 시작한 우리 나라가 세계 축구 문화를 선도하는 것 같아 뿌듯하다.

약 2억 8,000만 유로를 들여 2005년 신축·완공한 뮌헨 알리안츠 아레나. 수천 개 마름모꼴 쿠션 모양의 부품으로 이루어진 반투명 지붕에 빨강 파랑 흰색 등 여러 가지 조명을 비추면 경기장 전체가 가히 환상적인 분위기를 연출한다.

독일 정부는 2006년 월드컵을 경제 재도약의 기회로 삼으려는 노력을 곳곳에 내보이고 있다. 이를 위해 정부 차원에서 천문학적 규모의 재원이 이미 투자되었다. 9,060만 유로 약 1,177억 원를 들여 새로 지은 라이프치히 월드컵 구장뿐 아니라 차두리가 뛰고 있는 프랑크푸르트 경기장도 벌써 세간의 관심을 끌고 있다. 그러나 대중들의 '예술적' 관심을 모으는 경기장은 뭐니 뭐니 해도 약 2억 8,000만 유로를 들여 2005년 신축·완공한 뮌헨 '알리안츠 아레나'로, 개막전을 학수 고대하고 있다. 수천 개 마름모꼴 쿠션 모양의 부품으로 이루어진 반투명 지붕에 빨강 파랑 흰색 등 여러 가지 조명을 비추면 경기장 전체가 가히 환상적인 분위기를 연출한다고 하니, 그 이상은 독자의 상상력에 맡길 뿐이다.

독일인들이 통일 이후 과거 동·서독인들 사이에 깊게 파인 골을 메워줄 계기로 삼고 싶은 월드컵. 이제 독일 국가 대표팀이 1974년 서독 월드컵에서 온 국민에게 선사한 쥘 리메 컵을 통일된 조국 땅에서 국민의 품에 다시 한 번 안겨줄 수 있을지 자못 기대가 된다.

갈색 폭격기 '차붐'

2006년은 바야흐로 월드컵의 해다. 그것도 서른 두 해 만에 독일에서 열리는, 거의 '광란'에 가까운 공들의 축제인 것이다. 우리 나라 축구 역사에서, 특히 독일과 이렇게 저렇게 관련된 우리 같은 사람들에게는 축구와 동의어가 되어버린 이가 있다. 三십 년 축구 인생을 통해 선수에서 감독으로 해설자·교육자로 종횡무진 반경을 넓혀간 차범근 씨가 바로 그다. 그러나 그의 이름 끄트머리에 가장 멋지게 어울리는 건 역시 '선수'다. 20~30여 년 전 그의 화려했던 선수 시절을 기쁨과 보람으로 함께 누린 많은 사람들에게 '선수'라는 꼬리표는 그가 '갈색 폭격기'로 그라운드를 누볐던 그 시점으로 시계의 문자반을 돌려놓는, 가히 마력적인 주문이기도 하다.

그의 선수 시절에 얽힌 일화는 많고도 많다. 그 한 사람 안에는 박지성, 이동국, 이영표, 박주영같이 소위 특하 한국의 내로라 하는 선수들을 모두 망라할 만큼의 기대와 사랑과 감탄과 열정이 무르익어 있었다. 혜성같이 등장한 박주영 선수처럼 차범근은 경신고 3학년 때인 1971년 국가 대표와 청소년 대표에 동시 선발되어 한국 축구사에 말 그대로 '보무'도 당당하게 등장했다. 그런 그의 신화 중의 신화는 1977년 대통령배박스컵 축구 대회에서 말레이시아에 1:4로 뒤지던 상황에서 종료 5분을 남겨놓고 3골의 소나기골을 연달아 퍼부었던 순간이었다.

하지만 신화는 여기서 그치지 않고 이후 독일에서도 유효했다. 1979년 독일로 건너간 그는 프랑크푸르트를 거쳐 노르트라인 베스트팔렌 주州에 소재한 레버쿠젠 팀 소속으로 분데스리가 1부 리그에서 수퍼 스타의 자리를 굳힌다. 일명 '차붐'. 그때 그 활약상을 떠올리면, 오늘날 영국 프리미어 리그를 날고 있는 박지성이나 이영표는 마치 과거 차붐의 그라운드의 영화를 재연하고 있는 듯하다. 차범근 스스로 고백하듯이, 당대 세계 최고 리그 중 하나였던 "분데스리가는 축구의 정점을 의미하는 단어였고, 모든 축구 선수들의 꿈이었으며 희망이기도 했다."

프랑크푸르트 시절인 1980년, 당시 유럽의 3대 클럽 대항전 중 하나였던 UEFA컵 결승전 에피소드는 유명하다. 명문 보루시아 도르트문트와의 1, 2차 결승전에서 '차붐 전담 마크맨' 마테우스를 제끼고 맹활약한 그에 힘입어 소속팀 프랑크푸르트가 첫 우승을 차지했다. 팀 창단 후 처음 있는 일이었다. 이때 차붐을 막기 위해 필사적으로 이리 뛰고 저리 뛰던 당대의 신예 스타 미드필더 마테우스의 코멘트 "나는 아직 어리지만, 차범근은 현재 세계 최고의 공격수다"라는 말은 아직도 인구에 회자되는 명언에 속한다.

차범근이 덧붙인 또 하나의 억척스런 신화는, 첫 번째 소속팀 프랑크푸르트에 이어 두 번째 소속팀 레버쿠젠도 1988년 UEFA컵 챔피언으로 등극시킨 것이다. 이 역시 팀 창단 후 첫 경사였다. 그는 홈경기에서 스페인의 에스파뇰을 맞아 극적인 3 : 3 동점 골을 터트렸고, 5만여 독일 관중의 열화와 같은 기립 박수를 받기에 이르렀다. 레버쿠젠은 승부 차기 끝에 결국 믿기지 않는 우승을 차지했다.

어느 선수에게 가장 큰 보람과 행운이 있다면, 자신으로 인해 팀의 경기력이 일취월장 상승세를 타는 것이리라. 차범근은 행운을 몰고 다니는 그런 선수였다. 그래서인지 동양인 최초 분데스리가 MVP, 독일 대표팀 감독이 차붐의 귀화를 추진했다가 그의 거절로 실패했다는 일화며, 분데스리가 308경기 98골 성공, 당시 외국인 최다 출장 최다 골 등등등, 그에 얽힌 기록은 언제 들어도 흐뭇하고 기분 좋은 옛날 이야기다.

차 시니어 '차붐'이 프랑크푸르트에서 독일 축구계를 막 휘젓기 시작할 무렵인 1980년 여름에 태어난 차 주니어 두리는 아버지의 뒤를 이어 2003년부터 고향인 바로 그 곳 '아인트라흐트 프랑크푸르트'에서 뛰고 있다. 그가 아버지의 열정과 '발심'의 신화를 우리 모두에게 '현실'로 다시 한 번 맛보일 수 있기를 간절히 염원해 마지않는다.

차붐의 시대인 1980년대, 곧 나의 유학 시절을 돌이켜보면 ― 1988년 올림픽이 있기 전, 2002년 월드컵이 열리기 전이었다 ― 우리 나라는 유럽의 시각에서는 일본과 중국 사이 어디쯤에 자리한, 미지의 반도에 불과했다. 그땐 우리 나라 정치가들의 이름도, 기업의 이름도 그네들에게 생소하기는 마찬가지였다. 그런 나라에서 온 나에게 예외 없이 던져진 질문은 모두 '차붐'이라는 현상이었다. 차붐이라니? 어색하기 그지없이 발음된, 난생 처음 들어본 이 이름의 주인이 바로 축구 선수 차범근이었다니. 그는 낯선 땅의 유학생들에게 한없는 자부심이었고 위로였다. 독일인들은 'Bum Kun'이라는 어려운 이름에서 한 음절은 생략하고, '범'을 독일식으로 '붐'이라고 읽었겠다. 그리고 그의 화려한 활약은 이름 그대로 '차붐', 즉 '차범근 붐'이었던 것이다.

67명의 노벨상 수상자를 배출한 나라

지금까지 세상에 존재해왔던 상 중에 가장 지명도가 높고 상금이 많은 상은 단연 '노벨상'이다. 스웨덴의 다이너마이트 재벌 알프레드 노벨의 유언에 따라 그의 유산 3,100만 크로나를 기금으로 제정한 상이다.

멀쩡히 살아 있던 노벨을 두고 어느 날 신문에 그가 갑자기 죽었다는 오보가 실렸다. 그런데 실망스럽게도 그가 접한 자신의 죽음에 대한 주위 반응은 너무도 참담했다. 드러내놓고 '살인마 노벨'이 죽었다고 환영하는 이들이 많았던 것이다. 다행히도 자기 삶을 다시 한 번 반추할 기회를 가졌던 그는 실제 죽음은 인도주의자답게 아주 의미 있게 맞을 수 있었다. 노벨상을 제정한 덕택이다.

노벨이 세상을 떠난 해는 1896년이지만, 상이 실제로 수여된 것은 다섯 해 뒤인 1901년부터다. 그래도 백년이 훨씬 넘은 역사와 전통을 자랑하는 상이다. 이미 잘 알려져 있다시피 노벨상은 평화, 문학, 화학, 물리, 생리 및 의학 등 다섯 부문으로 이루어져 있었으나 1969년부터는 경제학상이 새로이 제정되어 함께 수여되고 있다. 그러나 경제학상은 노벨의 기금에서 운용되는 것이 아니라, 스웨덴 국립 은행의 기념 사업의 일환이다.

구미 서방 세계에서는 이 상을 받은 저명 인사가 자기 나라에 몇 명 더 많거나 적은 것이 온 국민이 감정적으로 예민하게 반응할 관심사가 아니다. 이에 더하여 『의사 지바고』의 보리스 파스테르나크나 『구토』와 『출구 없는 방』의 샤르트르와 같이 이념과 대중성을 고루 갖춘 당대 인사들이

화학·물리·생리 및 의학 등 기초 과학 분야에서 노벨상을 수상한 뢴트겐, 막스 플랑크, 하이젠베르크. 독일인으로 평화상을 받은 사람은 5명, 문학상은 9명을 기록하고 있고, 화학상을 받은 이들은 23명, 물리학상 17명, 생리 및 의학상은 13명이나 된다. 지금까지 다섯 분야에서 토탈 67명의 노벨상 수상자가 나왔다. 놀라운 숫자다.

문학상을, 그리고 베트남의 레둑토가 평화상을 거부한 '오점'도 있다. 그리고 수상자를 지명하는 과정에서 정치적 목적에 좌지우지될 개연성이 있다는 의혹 등은 상의 의미를 알게 모르게 조금씩 퇴색시키기도 한다. 그럼에도 불구하고 아직도 세계 무대에서 자기 자리를 확보하지 못한 나라들에서는 이 상의 엄청난 지명도 때문에라도 자연스레 관심을 쏟게 마련이다.

초두에 쓴 것처럼 노벨은 독일 사람이 아니다. 그런데 독일을 이야기하면서 왜 노벨을 끌어들이는 걸까, 혹자는 궁금해할지도 모른다. 나는 또 하나의 물음으로 앞서의 궁금증을 풀어주고 싶다. 정작 이 노벨상의 가장 큰 수혜국은 어느 나라일까?

노벨상은 지능 올림픽이 아니다. 따라서 메달의 수를 셀 수 있는 사안이 아님은 분명히 해두자. 하지만 그래도 호기심이 생기는 건 어쩔 수 없

막스 플랑크 재단. 프라운호프 재단과 함께 독일의 과학 발전을 선도하고 있는 막스 플랑크 재단 등은 과학자들이 정부의 지원을 받되 아무 간섭도 받지 않고 기초 과학 연구에만 몰두할 수 있는 기회를 마련해준다.

다. 개별 국가로서는 분명 미국이 역대 가장 많은 노벨상 수상자의 나라다. 인구 수로 보나 국가의 경제력으로 보나, 또 인종의 다양성 즉 구성원의 상호 보완적 강점을 갖춘 나라로서 이는 당연한 결과인지도 모른다.

이 글을 쓰기 위해, 또 직업적인 호기심에서 개인적으로 통계를 뽑아보기로 했다. 실은 통계랄 것도 없이, 총 인구 대비 수상자 수 이런 거 말고, '독일'이라는 국가명만 단순 무식하게 세어보기로 했다. 독일인으로 평화상을 받은 사람은 5명, 문학상은 9명을 기록하고 있고, 화학상을 받은 이들은 23명, 물리학상 17명, 생리 및 의학상은 13명이나 된다. 지금까지 다섯 분야에서 토탈 67명의 노벨상 수상자가 나왔다. 놀라운 숫자다.

그러니 미국을 빼고는 개별 상금의 누계가 가장 많은 나라가 아닐까도 생각해보았다. 물론 '수혜국'이란 표현을 금전적 의미로만 이해한 것은 아니지만 말이다. 예순 일곱이란 수는 정작 당사국인 스웨덴 역대 수상자 스물 세 명의 거의 세 배나 되는 숫자다. 문학의 경우는 다른 곳에서 다룰 기회가 있으니 여기서는 자연 과학만을 화두로 삼아보자. 화학·물리·생리 및 의학 등 기초 과학 분야에서 독일이 전세계를 따돌릴 정도로 타의 추종을 불허한 때는 제2차 세계대전, 특히 1930년 이전의 시기였다. 화학상 같은 경우, 한때는 독일을 위해 만들어진 양 거의 한 해 건너 한 번 꼴로 이 나라로 상이 돌아간 적도 있다.

X선을 발견한 뢴트겐이나 무선 전신을 연구한 브라운, 결핵 연구의 코흐, 전자 충돌을 연구한 헤르츠 등 과학자들은 우리 초등학생들에게도 익숙한 이름이다. 양자론 연구로 1918년 물리학상을 받기도 했으며 독일을 대표하는 거대 연구소에 이름을 빌려준 막스 플랑크 역시 빼놓을 수 없다. 1921년 광전 효과 연구로 물리학상을 수상한 아인슈타인은 당시 이미 스위스 국적이었다. 반면 1932년 불확정성 원리와 양자역학을 처음 주장한 하이젠베르크는 아직 독일인으로 수상했다.

이러한 엄청난 성과에 대해서 어느 정도 설득력 있는 정치 사회적인 설명이 왜 가능하지 않겠는가. 또 근면 성실하고 철저한 국민성도 거기에 한몫을 했을 것이다. 하지만 그것만으로는 불충분한 부분도 당연히 있게 마련이다. 간과할 수 없는 것, 간과해서는 안 될 것은, 독일이 국가 차원에서 보다 광범위한 청사진을 가지고 조직적이고도 꾸준히 과학자들을 지원해왔다는 사실이다.

지난 2005년 독일 물리학자 테오도어 헨쉬의 노벨상 수상과 맞물려 우리 나라 한 일간지에 의미 있는 칼럼이 실렸다. 요약하면 이렇다. 19세기 말 프로이센 교육부 고등 교육 책임자였던 프리드리히 알트호프는 과학

기술을 진작시키기 위해 '카이저 빌헬름 과학 재단'을 만들었다. 그리고 기술자를 양성하던 기관인 고등 기술 학교가 공학 박사 학위를 줄 수 있도록 하는 한편, 대학 소속 유능한 젊은 과학자들이 강의에 시간을 **빼앗**기지 않고 연구에 몰두할 수 있는 연구소 설립을 구상했다.

그의 계획은 사후인 1911년 '카이저 빌헬름 재단'으로 구체화되었다. 이렇게 해서 과학자들에게는 정부의 지원을 받되 아무 간섭도 받지 않고 기초 과학 연구에만 몰두할 수 있는 기회가 마련된다. 재단은 이후 30여 년 간 15명의 노벨상 수상자를 배출했다. 아인슈타인도 재단 산하 한 연구소 초대 소장으로 일반 상대성 이론을 완성했다고 한다.

제2차 세계대전 후 출범한 '막스 플랑크 재단'은 카이저 빌헬름 재단의 과업을 이어간다. 지금은 독일 전역에 걸쳐 생물학·의학 관련 연구소 32개, 화학·물리학 분야에 30개, 예술·인문 분야 17개 등의 다양한 연구소들을 포괄하는, 명실공히 독일의 지식 기반을 대표하는 거대 재단으로 성장했다. 이 재단은 상용 기술 과학 위주의 '프라운호프 재단'과 함께 독일의 과학 발전을 선도하고 있다. 프라운호프 재단 역시 산하에 54개 연구소를 거느린, 연구원만 해도 1만 명을 넘어서고 연간 예산이 10억 달러에 달하는 세계 최대 규모의 연구소이다. 헨쉬 박사의 노벨 물리학상 수상으로 막스 플랑크 재단은 열 여섯 번째 노벨상 수상자를 기록하게 되었다.

최근 우리 사회에 들끓었던 첨단 연구를 둘러싼 '잡음'을 뒤로 하며, 독일의 역사가 보여준 이런 성공 사례들은 우리 미래의 과학 정책의 방법과 목적이 어떠해야 하는가를 잘 보여주고 있다고 생각한다. 그런 정책들은 지금 당장, 또는 몇 년 안에 거두어들일 수 있는 어떤 성과 같은 가시적

결과에만 연연하지는 않았을 것이다. 오히려 긴 시간을 염두에 둔, 성실한 연구의 '일상화'가 가져온 보답이었으리라.

아무튼 빠른 속도로 바뀌어가는 연구와 산업 환경, 그리고 집약된 자본은 20세기 전반기까지 승승장구하던 독일 순수 과학의 주도권을 점차 미국으로 넘길 수밖에 없도록 만들었다. 물론 경제적인 이유도 자연스럽게 한몫을 했지만, 초기의 인력 유출이야말로 비중 있는 이유로 꼽을 수 있다. 제2차 세계대전을 전후하여 독일 과학계를 이끌던 수많은 유태인 과학자들이 정치적 또는 그 밖의 이유에서 대서양을 건너갔기 때문이다. 지금도 미국 국적의 많은 수상자들 가운데는 유태계 독일 이름이 눈에 띤다.

노벨은 유서에 "수상자의 국적은 전혀 고려하지 말 것"과 "인류의 복지에 가장 구체적으로 공헌한 사람에게 수여할 것" 등을 명기했다고 한다. 이 유언을 문자 그대로 옮기면, 단순히 — 미국을 제외하고 — 독일이 노벨상의 최대 수혜국이라는 말은 맞지 않는다. 오히려 '인류의 복지에 가장 구체적으로 공헌한 사람들이 많은 나라' 중 하나다. 그리고 전 유럽, 더 나아가 전 세계를 두 번이나 엄청난 공포에 떨게 했던 이 나라가 또 다른 면에서는 인간다운 삶의 질을 구현하기 위해 노력해왔다는 것은 어찌 보면 대단한 역사의 아이러니다.

수준 높은 교양인의 나라

언제부터인가 범세계적으로 대학의 랭킹이 매겨지면서 독일 대학들이 세간에 오르내리기 시작했다. 과거 독일은 1901년 처음 노벨상이 수여된 이래 지난 2005년까지 물리·화학·생리 및 의학 분야에서만도 쉰 세 번이나 수상한 내로라 하는 기초 과학 강국이다. 그만큼 엄청난 힘을 축적했던 독일의 대학 가운데 영국의 「더 타임스」 2005년 평가에서 세계 대학 랭킹 50위 안에 든 대학은 하이델베르크 대학 한 군데뿐이다. 그것도 별로 영예스럽지 못한 47위로 말이다. 물론 그 '대학 랭킹'이란 것이 얼마나 신빙성 있는 기준에 의해 만들어지는 것인가는 차치하고라도 독일이 뭔가 해명을 해야만 할 처지에 놓이게 된 건 사실이다.

독일 내외의 많은 전문가와 비전문가들은 평준화된 대학에 '죄'를 돌리는 분위기다. 입학 허가 방식을 기준으로 놓고 보면 독일의 대학들은 평준화되어 있다고 말할 수 있다. 우리식의 대학별 입학 시험 같은 것은 없다. 대신 지원자들이 국가 고시격인 입학 자격 시험을 치러 그 성적을 가지고 자기가 원하는 대학의 전공에 지원하는데, 대부분 입학이 허용된다고 보면 된다.

독일의 종합 대학Universität들은 의학이나 약학 등 몇몇 특정 전공에만 '누메루스 클라우주스Numerus Klausus' 즉 정원 제한 룰을 적용하고, 그 밖의 전공에 대해서는 대체로 지원자들에게 무리 없이 입학 기회를 주는 것을 원칙으로 한다. 정원제를 적용하면 국가적으로 인력 수급을 조절하는

데도 상당히 도움이 된다. 물론 음악이나 미술 등 실기를 위주로 하는, 소위 호호슐레Hochschule라 불리는 단과 대학에서는 따로 기량을 테스트해서 일정 수의 학생만을 뽑는다. 그러나 어떻게 대학에 들어가든 대신 졸업 자격만큼은 엄격하게 따진다.

그러니 독일에는 근본적으로 대학의 서열이란 것이 존재할 수가 없다. 물론 어느 대학에서 당대의 어느 유명 학자가 가르치고 있다든가 — 1960/70년대 유럽 탈권위주의 시대를 풍미했던 프랑크푸르트 학파처럼 — 시의적인 학파가 결성되어 세계의 이목을 끈다든가 하면 해당 대학의 지명도는 당연히 올라가게 마련이다. 그리고 자연스레 그 쪽으로 학생들이 몰려든다. 실제로 일자리를 옮기는 특정 교수를 따라 이 대학 저 대학으로 같이 짐을 꾸리는 학생들이 드물지 않던 낭만적인 시절도 있었다. 이른바 '반더포겔Wandervogel' 즉 '철새 학생'들이다. 아니면 아헨 공대나 데트몰트 음대처럼 전통적으로 어떤 전공이 강한 대학 출신이 우대받는 경향은 있다. 하지만 '한 줄로 세우기' 식의 서열은 아니다.

그런데 매년 대학 입시로 골머리를 앓는 우리 입장에서는 '이보다 더 좋을 수 없는' 독일의 평준화 제도가 목하 의혹의 눈초리를 받고 있는 것이다. 급기야 국가 당국은 이 역사적인 대학 평준화를 폐지하는 것을 대대적인 아젠다로 세워놓고 있다고 한다. 경쟁은 피곤한 일 이전에, 시각에 따라서는 기회 균등의 법칙에 어긋나는 일이다. 그러나 마침내 독일도 경쟁 없이는 발전도 없다는 냉정한 인식에 이른 것이다.

'라인강의 기적'으로 다시 일어서서 부를 축적하기 시작한 독일은 1970년대 SPD 즉 사민당 정권에 힘입어 고등 교육의 기회를 엄청나게 확대하기 시작했다. 교육의 질을 담보로 하여 대학생 수가 늘어나기 시작했고, 이는 90년대에 이르면 대졸자의 실업률이 높아지는 결과로 나타난다. 게다가 학비도 없고 혜택은 많은 '대학생 천국'에서 유유자적 학생 신분을 즐겼던 젊은이들이 굳이 빨리 졸업할 생각조차 없었음은 당연하다. 이로 인해 누적되는 대학생의 수는 국가적으로 엄청난 재정적 부담을 가져왔고, 그 부담은 고스란히 세원인 일반 국민의 몫으로 넘어갔다. 그래서 학비를 받자 말자, 외국인에게만 받자 말자, 학기수를 제한하자 말자 등등 말도 많고 탈도 많은 토론이 끊임없었다. 그 결과 재학 학기 수 제한, 등록금 징수 등의 과감한 개혁을 도입하는 대학들이 현재 속속 등장하고 있다고 한다. 아무튼 대학을 둘러싼 설왕설래는 우리만의 문제가 아닌 건 확실하다. 전세계적으로 인류는 '대학', '대졸자', '기술 경쟁력', '학문 경쟁력' 등 '대학병'을 심하게 앓고 있다.

이런 고질병에도 불구하고 원칙을 말하라면, 독일의 대학은 전통적으로 가히 '신성 불가침' 구역이다. 그 유명한 빌헬름 폰 훔볼트는 1810년 베를린에 대학을 설립하면서 '고독'과 '자유'라는 개념을 학문이 지향하는 본질로 지명한다. 소위 '상아탑'과 '바깥 세상'의 금을 확실하게 그어 놓은 것이다. 나중에 훔볼트 대학으로 개명한 이 프리드리히 빌헬름 대학은, 프로이센의 유일한 대학이었던 예나 대학이 나폴레옹에 의해 폐쇄되자 이를 대신하여 프리드리히 대제의 명에 따라 설립되었다. 피히테, 쉴라이어마허, 헤겔, 레오폴드 폰 랑케, 테오도어 몸센 등 쟁쟁한 석학들이 거쳐간 것만 보아도 이 대학이 독일의 학문과 정신 문화에 얼마나 큰 영향을 끼쳤을지는 짐작하고도 남는다. 굳이 숫자화하자면, 지금까지 모두 27명의 노벨상 수상자가 이 대학의 교수로 재직했다니 우리에겐 상상 속에나 존재할 수 있는 학문의 유토피아다. 그러나 무엇보다 중요한 것은 이 대학이 인문주의적 교육 이념에 바탕을 두고 세워졌다는 거다. 그리고 이것이야말로 이후 독일 전체 대학 교육을 결정짓는 불문율이자 학문 발전의 견인차가 되었다.

독일의 엄격한 학문적 전통은 이미 19세기 전반에 이르러 확립된 것 같다. 특히 할레, 예나, 베를린, 하이델베르크 등의 대학은 당시 유럽에서도 가장 우수한 대학으로 꼽히고 있었다니까 말이다. 역사가 일천했던 독일 대학이 이탈리아나 영국을 비롯한 당시 '선진' 유럽 국가들을 극복하고 단시간에 비상할 수 있었던 이유는 독일 특유의 시민 사회 전통에서 찾을 수 있을 것이다.

봉건 국가 독일이 근대 사회로 전환하는 과정에서 시민 계급이 담당했던 역할은 매우 두드러진다. 그러나 아이러니하게도 이들에게서는 영국이나 프랑스의 시민이 보여준 정치적 색깔은 거의 찾을 수 없다. 오죽하면 독일에서는 혁명다운 혁명이 단 한 번도 없었겠는가? 귀족이나 왕족과는 달리 정치적·사회적 제약을 받을 수밖에 없었던 상황에서 이들은 지식에 대한 욕구를 충족시키는 데서 삶의 의미를 찾았다. 그래서 독일의 시민 계급은 '교육받은' 시민 계급으로서, 일명 '교양 시민 Bildungsbürger'으로 불린다. 아주 독일적인 이름이다.

독일에서 찬란하게 꽃핀 문학과 예술, 철학은 바로 이 계몽된 시민 계층이 없었다면 상상할 수조차 없을 것이다. 18세기 중·후반기를 거치면서 독일은 이들 '교양 시민'에 힘입어 빠르게 유럽의 예술계와 지식 기반을 선도하기 시작한다. 독일의 대학생들은 신분이나 경제적 여건에 의해서가 아니라 순전히 개인적인 능력에 의해서만 구분되었다. 전통적으로 귀족을 위한 특수 학교의 의미를 가졌던 영국의 케임브리지나 옥스퍼드

독일의 시민 계급은 '교육받은' 시민 계급으로서, 일명 '교양 시민'으로 불린다. 아주 독일적인 이름이다. 독일에서 찬란하게 꽃핀 문학과 예술, 철학은 바로 이 계몽된 시민 계층이 없었다면 상상할 수조차 없을 것이다. 18세기 중·후반기를 거치면서 독일은 이들 '교양 시민'에 힘입어 빠르게 유럽의 예술계와 지식 기반을 선도하기 시작한다.

같은 대학과는 아주 대조적인 '민주적' 전통이었다. 어느 정도 자유스러웠던 이런 분위기가 시민 계급에게 지적인 동기를 유발시키는 데 일조했음은 물론이다.

독일식 대학 교육을 제대로 받은 사람이라면 '보편적 지식'이 몸에 배어 있어야 한다. 이 나라에서는 예로부터 하나가 아닌 두 개 이상의 전공을 장려하는 것이 당연지사였기 때문이다. 지금도 독일 특유의 전통적 제도를 고수하는 대학에서는 석·박사 과정에서 주전공 외에도 두 개의 부전공을 선택하게 되어 있다. 학교에 따라서는 라틴어나 희랍어 등 고전어 능력 시험의 의무도 부과한다. 1960년대 이후에 세워진 빌레펠트나 베를린 자유 대학, 보쿰 대학, 콘스탄츠 대학 등 신설 대학은 학문의 보편성보다는 능률성을 중시하면서 이런 의두 조항들을 많이 완화시켰다.

이런 교육 때문인지 독일에서는 한 분야에서 매우 뛰어난 사람이 다른 분야에서도 의미 있는 업적을 남기는 경우가 왕왕 있다. 대문호 괴테는 인체의 간악골을 발견한 자연 과학자인 동시에 화가였으며, 슈만은 작곡가에 앞서 필명을 날리던 당대의 저술가이기도 했다. 프리드리히 쉴러, 고트프리트 벤, 프란츠 카프카, 에.테.아.호프만, 알프레드 되블린 같은 고금의 탁월한 작가들이 교수·법률가·공무원·의사 등 문학과 별반 상관이 없는 직업을 가지고 있었던 것도 우연은 아니다. 아무튼 의학을 하든 법률을 하든 인문학을 배워야 하는 전통이 있었던 독일 대학은, 최근 우리 나라 대학의 화두인 '학제간 연구'를 수백 년 전부터 이미 실천하고 있었던 셈이다.

인문학 분야는 철학·역사 등 여러 가지가 있지만, 그 모든 것의 기초가 되는 것은 언어이다. 그리고 이에 대한 독일인의 관심은 정말 깊다. 언어를 중시하는 전통은 김나지움에서나 대학에서나 별반 다를 바 없다. 언

독일 특유의 대학 교육 때문인지, 한 분야에서 매우 뛰어난 사람이 다른 분야에서도 의미 있는 업적을 남기는 경우가 왕왕 있다. 대문호 괴테도 인체의 간악골을 발견한 자연 과학자인 동시에 화가였다. 괴테의 젊은 시절(좌), 괴테 박물관(우), 괴테가 그린 미술 작품(하).

어에 대한 감각이야말로 상상력의 원천과 지적인 토대를 마련해주기 때문에, 모든 학문의 기초라고 믿었기 때문이다. (엄밀히 말하자면 이것은 독일에서만 고유한 내용은 아니고, 전 유럽이 공유하고 있는 전통이다.) 글을 읽고 이해하는 가운데 지적인 능력을 키워나간다는 깨달음, 오늘날 우리 교육계에서 귀담아들을 만한 내용인 것 같다.

더 나아가 언어에 대한 감수성을 바탕으로 독일인들은 외국 문학을 습득하면서 자국 문학의 지평을 더 확대시켜 나갔다. 비단 현재에만 그런 것이 아니라 과거에도 지적으로든, 계층적으로든 상류층에 속하는 독일인이라면 고전어·현대어 할것없이 몇 가지 언어를 읽고 또 구사할 수 있었다고 한다. 이 탄탄한 외국어 실력은 다양한 외국 문학을 가까이서 접하고, 또 이 문학이 가진 장점을 독일어와 독일 문학에 적용시킬 수 있는 가능성을 무한대로 열어주었다. 그리스·로마·영국·프랑스·스페인·이탈리아 등 전통적인 문화국의 고전을 독일어로 번역한 작가들이 부지기수에 이른다는 사실은 시사하는 바가 크다. 이런 상황은 독일 문학이 19세기 이후로 유럽을 넘어서서 세계 문학으로 당당히 자리 매김하게 된 배경이 되기도 한다.

이렇게 보면 "독일의 대학 교육은 유럽 여러 나라의 대학 교육이 끝나는 데서 시작된다"고 했던 누군가의 말이 나름대로 일리가 있는 것 같다. 이제 대학의 존재 의미도 '인간성과 교양의 함양'보다는 '필요한 기능인'을 양성하는 곳으로 점차 바뀌어가는 요즈음, 한물 간 '상아탑'을 향한 시선이 때로는 따갑게 느껴진다. 그래도 왠지 독일의 대학이 그립다 함은, 내 인생 한 켠에 그래도 '큰 학문'을 담는 곳에 대한 동경이 아직 희미하게나마 남아 있다는 말이어서 좋다.

정신적 중산층이 두터운 고전 음악의 나라

　개인적으로 독일에서 가장 인상 깊었던 것을 하나만 선택해보라고 한다면 과연 무엇을 꼽을까? 단연 음악이다. 그리고 물음을 달리하여 독일인들의 내면에 가장 깊이 스며 있는 것 하나를 말해보라고 한다면? 그것도 역시 음악이다. 잘 자란 플라타너스가 넉넉한 운치를 만들어주는 독일의 주택가를 산보하다보면 너무 밝은 조명이 방해가 되지 않을 정도로 나지막히 밝혀진 일층 방에 나도 모르게 눈길이 가게 되는 때가 있다. 그럴 때면 자주 볼 수 있는 방안 풍경이 업라이트 피아노와 그 위에 펼쳐져 있는 악보다. 실제 삶 속의 공간이라기보다는 참 잘 어울리는 정물화란 생각이 앞선다. 아니면 이따금씩 골목길에서 새어나오는 때로는 잘 연습된, 때로는 '갈 길이 멀다' 싶은 악기 소리가 고즈넉한 발걸음을 반주해준다. 그런 풍경들은 우리네 시골집 마당 가의 감나무처럼 이보다 더 잘 어우러질 수 없는 원초적인 구도를 만들어낸다. 그래서인지 독일에 가면 어디서건 음악 소리가 들리는 것 같은 착각에 사로잡히곤 한다. 이런 우스운 착각 현상에 좀더 현실적으로 접근해보면, 독일의 어떤 대도시에서라도 조금만 걸으면 곧 소음이 차단되는 장소가 있어서 더더욱 그런 느낌을 갖는 것 같기도 하다. 요란함이 멈추어야 제대로 '음악'이 시작될 수 있으니까.
　독일인들에게 음악은 아주 보편적인 엔터테인먼트다. 그것이 클래식이든 대중 음악이든 상관없이 그렇다. 그렇다고 우리네 노래방 문화와도 같은 음악 문화를 말하는 것은 아니다. 오히려 매니아에 대해서 말할라치

헤르만 헤세와 더불어 음악적 재능과 지식이 뛰어났던 소설가 토마스 만.

면 클래식 쪽이 훨씬 우세하지 않을까 한다. 아무리 대중 오락이 세계적 추세인 것 같기는 하나 독일에서는 아직도 꾸준한 계층이 고전 음악을 사랑한다. 도시든 시골이든 경제적 여건에 크게 구애됨 없이 음악에는 일가견이 있다. 독일은 '정신적 중산층'이 매우 두터운 나라다. 바로 이 '정신적 중산층'이 고전 음악을 유지하고 키워주는 든든한 고객이다. 고전 음악의 종주국이라 해도 부끄럽지 않을 나라다. 부러운 일이다.

그래서인지 전문 음악가가 아니면서도 탁월한 재능과 조예를 갖추었던 인물들이 독일에는 이루 다 꼽을 수 없을 만큼 많다. (여기서는 국적에 국한하지 않고, 독일에서 공부하거나 활동했던 사람들까지도 포함시키겠다.) 아홉 살부터 여러 장르에 두루 걸쳐 작곡을 했으며, 웬만한 수준의 '인상적인 피아노 연주자'였다는 니체가 아니라도 말이다. 20세기 초반 새로운 미술의 흐름을 주도했던 파울 칸딘스키와 오스카 코코쉬카가 그렇고, 화가이기 전에 탁월한 바이올린 연주자였던 파울 클레가 그러하다. 노벨상 작가 토마스 만이나 헤르만 헤세의 음악적 재능과 지식은 이미 정평이 나 있어서, 이들이 음악 형식을 소설 구조에 적용시키기도 했다는 사실은 이미 학계에서는 새로운 발견이 아니다. 또한 거리에서 동냥하는 소녀를 위해 바이올린을 대신 연주했다는 아인슈타인의 일화는 어린이들 사이에서 더 유명하다. 그런가 하면 신학자 칼 바르트는 모차르트 전문가였다. 임종의 순간에도 모차르트 음악을 들었다고 하던가. 더 이상 설명이 불가능한 일회적 '현상'인 알버트 슈바이처 박사는 신학자이자 의사인 만큼 바흐 전문 오르가니스트로 알려져 있고, 『바흐 연구』라는 명저를 남겼다. (번역하겠다는 무모한 계획을 세우고 이 두꺼운 책을 마련해놓은 지 어언 20여 년이 흘러버렸다.)

심지어는 가장 비예술적이라는 정치계에서도 뮤즈의 축복은 쉽게 발견된다. 헬무트 슈미트 전 사민당 당수이자 수상의 피아노 실력은 얼마나 뛰어났던지, 그는 당대의 피아니스트이며 지휘자인 유스투스 프란츠와 더불어 모차르트 피아노 협주곡의 협연자로 무대에 섰을 정도다. 그리고 보니 최근 일본 나루히토 황태자도 정명훈 씨와 듀오를 연주해서 화제가 되었다. 비올리스트인 그는 모교인 학습원 대학에서 드보르작의 '신세계 교향곡'을 함께 연주하는 등 음악적 기행(?)으로 가끔씩 외신을 타기도 한다. 우리도 불원간에 이런 소프트하고 섬세한 모습의 정치가들을 만날 수 있기를 기대해본다. 적절한 예일지 모르겠지만, 우리에게도 ―유감스럽게도 스캔들로 물러난― 김용운 전 IOC 위원이 있기는 하다. 그는 태권도와 수준급 피아노 실력으로 민간 외교에 일조했다고 한다. 벽돌과 기와장을 으스러뜨리는 손으로 우아하게 피아노를 쳤으니 더더욱 놀랄 수밖에.

그런가 하면 가계와 얽힌 얘기도 많다. 거슬러 올라가면, 펠릭스 멘델스존 바르톨디는 18세기 독일 계몽주의 사상가였던 모세스 멘델스존의 손자이다. 그리고 손자 펠릭스의 고모 즉 할아버지 모세스의 딸인 도로테아가 첫 결혼에서 얻은 아들은 필립 파이트라는 당대 화가이며, 그녀는 후에 독일의 자부심인 낭만주의 문학을 태동시킨 프리드리히 슐레겔의 부인이 되었다. 문화사 속에서의 음악의 역할은 20세기에 이르기까지도 계속된다. 오스트리아 출신의 언어철학자 루드비히 비트겐슈타인의 넷째 형 파울은 제1차 세계대전에서 오른팔을 잃은 비운의 피아니스트였다. 명망 있는 사업가이자 많은 예술가들의 신실한 후원자였던 그들의 아버지에게 고마움이 컸던 모리스 라벨은 파울을 위해 '왼손을 위한 피아노 협주곡' D장조를 작곡하여 헌정했다. (이에 감동한 리하르트 슈트라우스도 왼손을 위한 협주곡을 써서 파울이 재기하도록 용기를 주었다고 한다.)

본래 헝가리 귀족 가문에 뿌리를 둔 도나니 형제들도 빠뜨려서는 안 된다. 헝가리의 작곡가 에른스트 폰 도나니의 손자로 아직도 현역에서 활발하게 활동하는 지휘자 크리스토프 폰 도나니는 함부르크 전 시장 클라우스 폰 도나니의 동생이다. "생각이 있는 사람은 정치를 하지 않고, 정치를 하는 사람은 생각이 없다"는 명언을 남기고, 생각할 시간이 필요하다며 인기 절정의 순간에 총총 정계를 떠나갔던 클라우스, 최근 구동독 경제 재건팀을 이끌고 있다는 소식이다. 이 가계 이야기를 좀더 덧붙이자면, 이들 형제의 아버지 한스 폰 도나니는 반나치 운동으로 이름난 투쟁가였으며 어머니 크리스티네는 역시 나치 투쟁가였던 디트리히 본회퍼 목사와 남매간이다. 그러니까 외가와 친가 모두 '노블리스 오블리제'의 모범이 되었던, 명실상부한 명문가인 셈이다.

아무튼 이런 실례들은 음악이 단순히 감정의 산물이 아니라, 독일 역사와 사회의 지적 네트워크인 동시에 일상적 삶의 현장에 깊이 확산되어 있음을 충분히 가늠하게 한다.

이런 '음악의 보편적 현존'을 뒷받침이라도 하듯, 독일의 대도시는 나름대로 거의 다 음악의 중심지로서의 면모를 갖추고 있다. 베를린, 뮌헨, 쾰른, 라이프치히, 드레스덴, 프랑크푸르트, 만하임, 함부르크, 슈트트가르트…. 열 손가락으로도 다 헤아릴 수 없을 만큼 이 많은 도시들에서 기라성 같은 역사와 전통을 자랑하는 콘서트 홀들은 나름대로의 '색깔'을 갖추고 각축한다. 자기들끼리만 그러는 것이 아니라 세계적인 음악의 흐름을 유도하고 연주자들을 발굴해내면서, 꿈의 무대의 역할을 톡톡히 해낸다. 그래서 독일에 가게 되면 특정 음악 페스티벌 기간이 아니더라도 아주 높은 수준의 음악을 어렵지 않게 접할 수 있다는 장점이 있다. 특히 학생증만 있으면 모든 음악회를 반값에 즐길 수가 있어서 금상첨화다. 신분증이 달라지면서 '공연히' 두 배로 내야 하는 것 같은 티켓 값이 야속한

음악회장으로 자주 이용되는 베를린 돔. 독일의 대도시는 나름대로 거의 다 음악의 중심지로서의 면모를 갖추고 있다.

교회의 파이프 오르간. 교회에서 드리는 예배나 미사가 종교적인 의식 이전에 아름다운 음악회의 의미를 지니는 경우도 많다. 베스퍼Vesper라 불리는 저녁 기도회, 오르간 음악회, 미사 연주회가 시도 때도 없이 유혹한다.

적도 많았다. 지금은 어느 정도 익숙해지기는 했지만 말이다.

이런 풍성하고 다양한 음악 환경은 '예술 산업'에 대한 국가의 전폭적인 지원에 의해서만 가능한 일이다. 미국의 경우 문화 행사장들이 개인이나 기업의 기부에 의해서 운영되는 경우가 많다고 한다. 이에 반해 독일에는 유난히 국립 오페라 극장 Staatsoper이나 시립 극장 Stadttheater 또는 유사한 이름들을 가진 연주회장이 많은데, 바로 이 사실은 국가 차원의 지원을 확인해주는 것이다. 물론 이것은 콘서트 홀뿐 아니라 각종 미술관이나 박물관 등에도 해당되는 사안이다.

물론 독일에도 엄청나게 비싼 음악회가 있다. 살아생전 이미 신화가 된 대음악가들이 좀 많은가. 그런 특별한 경우엔 입장권의 일부를 시 등 공공 기관에서 소화하는 경우도 왕왕 있다고 한다. 이렇게 확보된 티켓은 음악 대학에 지원해준다. 그 혜택의 수혜자는 그런 초고가 음악회를 관람할 경제적 여력이 없는 학생들이나 교수다. 지원을 받은 이들은 아주 저렴하게 또는 무료로 최고 수준의 음악에 접할 기회를 갖게 되고, 동시에 확실하게 동기를 부여받는 것이다. 말하자면 공적 자원으로 음악 행사를 지원하면서, 그에 따른 교육적 효과를 한껏 높이는 '영리한' 정책인 셈이다.

하긴 주머니 탓을 하기에는 공짜 음악회도 수두룩해서 음악을 좋아하는 사람이라면 독일에서는 시간 죽일 걱정은 생략해도 된다. 교회에서 드리는 예배나 미사가 종교적인 의식 이전에 아름다운 음악회의 의미를 지니는 경우도 많다. 베스퍼 Vesper라 불리는 저녁 기도회, 오르간 음악회, 미사 연주회가 시도 때도 없이 유혹한다. 독일 유학 시절 초기 나는 전혀 의도하지 않은 채 어처구니없게도 이중 종교를 가진 적이 있었다. 물론 음악이 원죄였다. 개신교 신자인 내가 나가던 교회의 예배는 오전 10시에 있었고 길 건너 맞은편 천주교회 미사는 11시에 있었다. 그런데 우리 나라에서는 흔히 들을 수 없었던 파이프 오르간 소리에 완전히 매료된 나머지, 오로지 그 때문에 매주일마다 신교와 구교를 왔다갔다하면서 두 번씩이나 예배를 드렸던 까닭이다.

독일의 음악을 이끌어가는 또 하나의 축은 물론 교육 기관이다. 지천으로 자리잡고 있는 음악 대학들에는 진정 음악을 사랑하는 젊은이들이 음악성과 테크닉을 연마하고 있다. 음악 대학들은 직업 음악가들의 연주 이외에도 학생들의 수준 높은 졸업 연주회를 일반 관객에게 선사한다. 그리고 학기 중간 중간에도 학생과 교수들의 자발적인 연주회들을 소개한다. 그런가 하면 대학마다 아마추어 대학생, 직원 등으로 이루어진 아마추어 대학 오케스트라가 있어서 개강 또는 종강 음악회를 연다. 그러면 친구, 가족뿐 아니라 일반인들까지도 홀을 가득 채워 이들이 만들어내는 화음을 즐긴다. 우리 나라 음악 대학 연주회의 상황을 떠올리면 뭔가 아쉬움이 많이 남는다.

외진 소도시에도 일정한 수준 이상의 연주 단체와 음악 기관들이 있다는 것은 매우 인상적이다. 우리 나라로 말해서 시의 구 단위급 지역에는 음악 학교 Musikschule가 보통 하나씩 있다. 일종의 공립 '방과 후 학교' 같은 것인데, 음악만 가르치는 곳이다. 우리 나라에서는 개인 레슨이 주를 이루는 데 반해 독일인들은 이 공공 기관에서 수준 높은 교사들로부터 성악이나 기악을 배운다. 하지만 레슨비는 그다지 비싸지 않다. 학생들은 이 최소한의 레슨비를 교사에게 직접 주지 않고 학교에 내고, 시 공무원인 교사들은 월급을 나라에서 받는다. 이런 상황에서라면 고액 레슨비 논란은 완전히 불필요한 일이다. 그리고 음악 학교마다 아마추어 오케스트라가 구성되어 있어서, 음악을 함께 연주하는 보람과 경험을 쌓을 수 있으니 금상첨화다.

물론 이따금씩 유명 오케스트라의 야외 음악회도 빼놓을 수 없다. 런던 필의 하이드 파크 연주회나 뉴욕 필의 센트럴 파크 연주회, 시카고 심포니의 야외 연주, 그리고 최근 대대적인 호응을 받은 정명훈과 서울 시향의 시청 앞 광장 연주도 있으니, 이것만큼은 독일만의 자랑 거리는 아니겠다.

또 하나 언급하지 않을 수 없는 것은 독일 사람들의 음악 감상 습관이다. 마니아 문화가 일본 문화의 특징이라고도 한다지만, 독일도 둘째가라면 서러워한다. 그러나 단체를 조성하는 것을 그다지 내켜하지 않는다는 점에서는 일본과 완연히 다르다. 일본에는 '가능한' 모든 동호회가 있다. 컴퓨터가 확산되면서 '인터넷 동호회'는 목하 유행어가 되었다. 그러나 이런 것을 아직 상상도 할 수 없었던 까마득한 옛날부터 일본 사람들은 세계 어디에도 없는 이런 저런 협회들을 만들어 사람들을 아연실색하게 했다. 바그너 협회는 그런대로 용서가 되는데, 압권은 '안네-소피 무터 협회'였다. 카라얀의 비호를 받아 혜성처럼 등장한, 정경화 이후 최고의 여류 바이올리니스트라고 꼽혔던, 그러나 논란의 여지가 없지 않은 그녀였다. 생존하는 미모의 20대 초반의 음악가를 흠모하기 위해, 예의 그 엄청 엄숙한 일본인 특유의 표정으로 모였을 멤버들을 상상해보라! 어쩌면 지금의 '~빠' 부대의 전신이 아니었을까.

내가 처음 베를린 필하모니를 경험한 것은 1983년도로 기억된다. 지금도 그렇지만 그때도 그 유명한 필하모니홀이 어쿠스틱 면에서 어떤 의미가 있으며 객석의 배치가 그와 무슨 상관인지 등등 이런 전문적인 것들은

베를린 필하모니 콘서트홀.

잘 이해를 하지 못하던 차였다. 단지 피상적인 데서 매우 깊은 인상을 받았던 것은 관객들의 태도였다. 대부분 검거나 회색의 무채색 정장을 한 신사 숙녀들에 한 번 놀랐고, 그들의 집중된 표정에 다시 한 번 놀랐었다. 독일 사람의 태생적으로 진지한 표정이 '집중'을 통해 '제곱'이 되는 모습, 가히 성스러움을 불러일으키는 그 분위기에 어리버리한 20대 유학생이 그만 압도되어버렸던 것이다. 뭔가를 혼자 하는 것을 그다지 내켜하지 않는 성격이라면, 음악회에서도 유독 '나홀로 관객'이 눈에 자주 들어올

베를린 필하모니 콘서트홀 전경.

것이다. 희끗한 머리카락이 인상적인 중년 노년의 신사 숙녀들이 홀로 소리의 세계에 침잠하는 장면을 목격해보라. 이들을 조용히 바라보는 것만으로도 음악 외적인 또 다른 감동을 맛볼 수 있다는 것이 독일 여행의 소득이다.

언어가 끝나는 곳에서 시작되는 '음악'

이쯤 되면 궁금해지는 것이 있다. 대체 독일 사람들은 음악을 왜 이다지도 좋아하게 되었을까? 모든 인간에게는 예외 없이 어느 한 구석엔가 모순적인 모습이 숨어 있게 마련이다. 이것은 넓은 의미에서 어느 민족이나 국가에도 적용될 수 있는데, 독일인들도 예외는 아니다. 그들에게서 이중적인 모습이라면, 자로 잰 것 같이 아주 합리적으로 보이면서도 의외로 다분히 몽상적이고 신비주의적인 성향이다.

이들은 아주 오랜 시간 척박한 기후를 극복하면서 살아왔으며, 이탈리아·프랑스·스페인 같은 라틴인들이 누렸던 고대 문명의 혜택에 접할 기회마저 이들에게는 한참 늦게 찾아왔다. 그것도 이들 '선배'를 통한 간접적인 전수였다. 이런 그들에게는 (특히) 로마 문화의 화려하고 구체적인 시각적 매력보다는 오히려 사변적이고 명상적인 삶의 방식이 체질적으로 더 친숙했을지도 모르겠다. (현대에 와서는 그런 구분의 의미가 많이 희석되었지만, 전통적으로 라틴계 나라에서는 조각과 건축물 등 옥외 문화와 시각 문화가 발달한 반면, 게르만인들에게는 음악과 철학 등 내면성이 강조되는 예술이 두드러진다.) 다분히 '어쩔 수 없이'라는 단서를 붙일 수도 있겠는데, 그들은 삶을 외형적으로 치장하기보다는 내면적으로 심화시키는 방식을 택한다. 음악은 어쩌면 이 '추상적 인간 유형들'을 위한 가장 원초적인 축복인지도 모른다.

이론적인 설명을 가급적 피하고는 싶지만, 독일과 음악의 근원적 관계를 설명하려면 어쩔 수 없이 거론해야 하는 부분이 있다. 살짝 그 배후를 들여다보면 이렇다. 서양의 예술은 전통적으로 '자연을 모방'하는 것에

서부터 시작되었다. 이 관점은 비단 조형 예술이나 회화에만 적용되는 것이 아니라 문학에서도 그만큼 역사가 깊다. 아리스토텔레스의 '모방 이론', '삼통일의 원칙' 등의 개념이 바로 이 맥락에 있다. 이 원칙은 고대의 작가들에게, 그리고 유럽의 르네상스·고전주의 시대가 지나고나서까지도 한참 동안 부동의 힘을 발휘했다. 그러나 18세기 말 19세기 초 독일 낭만주의 문학은 이런 문학 전통에 대해 반기를 들게 된다. '현실 모방'을 모토로 하는 기존 문학이 언제부터인가 작가의 자유를 속박하는 것을 의미하게 되었다는 철저한 자기 인식에서다. 이런 엄청난 사고의 전환의 첨단에는 (이미 앞서 아주 잠깐 언급했던, 멘델스존의 고모와 결혼한) 프리드리히 슐레겔이 있다. 이제 일군의 젊은 작가들은 이른바 아무런 목적도 가지지 않는 예술, 아무것도 모방하지 않는 예술을 최고의 예술로 꼽게 되었다. 이렇게 담보된 예술가의 자유야말로 무한한 표현 가능성과 상상력을 보증해준다고 믿었기 때문이다.

 이런 배경에서 낭만주의 문학과 철학은 음악이 언어를 넘어서는 최상의 가치를 가진 것으로 이해했다. 왜냐하면 세계의 본질은 언어로는 도저히 다 설명할 수 없는 영역인데, 바로 '언어가 끝나는 곳에서 시작되는' 음악은 이 본질의 심연까지 도달할 수 있다고 믿었기 때문이다. 헤겔 역시 『미학 강의』에서 음악을 최상위 예술로 꼽았다. 음악은 존재하는 동시에 존재하지 않는 추상성을 지닌 까닭이다. 이런 설명들은 음악의 무한한 표현 가능성을 지칭하는 것에 다름 아니다. 그리고 바로 이 점에서 헤겔, 쇼펜하우어, 니체를 비롯한 많은 미학자들은 하나의 일관된 흐름을 형성한다.

 실제로 음악의 도구인 음은 시각 예술의 수단에 비해 상당히 추상적이다. 미술이나 건축이 인간의 감각에 직접 호소하는 일차적 '모방' 예술이라면, 음악은 그 모방 예술의 한계를 훨씬 넘어서 있는 것이다. 독일 문화의 역사에서 음악이 왜 그토록 중요한 위치를 점하게 되었는가가 이제 조금 설명이 되지 않았나 싶다. 그리고 이것은 우리의 보편적인 음악 경험과도 알게 모르게 일치하고 있다.

음악이 세계로부터 완전히 독립적인 존재로서, 세계의 본질을 모방하지 않는다고 주장했던 쇼펜하우어, 따라서 그는 음악은 단순한 표상이 아니라 의지 자체의 표현이자 본질이 드러난 것이라고 그 가치를 힘주어 말한다.

당대의 가장 의미 심장한 철학자 쇼펜하우어의 '설說'을 적통으로 이어받은 니체는 스물 일곱 열혈 청년으로 『비극의 탄생』이란 책을 출판했다. 책의 완전한 제목은 『음악 정신으로부터의 비극의 탄생』이다. 니체가 여기서 예술의 전형으로 제시한 디오니소스 제전의 비극은 음악적 비극, 곧 음악이 중심이 된 비극이었다. 말하자면 합창으로 구현된 음악은 단순한 문학적, 연극적 장치가 아닌 비극의 본질 그 자체였다. 그리고 고대 비극의 합창단인 사티로스들에게 음악이 그랬던 것처럼, 니체에게도 음악은 프로메테우스적·디오니소스적·초인적 힘과 본능의 원천이자 존재의 고통을 잊게 하는 그 무엇이었다. 음악의 도취적 특성을 이보다 더 잘 설명할 수 있을까.

이로써 니체가 궁극적으로 말하고 싶었던 요점은, 당시의 소위 '합리적' 독일 정신은 음악에 의해 '창조적'으로 혁신되어야 한다는 것이었다. 이성에 바탕을 둔 합리성은 인간의 본래적 창조성과 상상력을 말살시키고, 과거로부터 축적된 지식에만 안주하게 만드는 원흉이었다. 음악이야말로 상실된 인간의 본래적 능력을 회복시키는 유일한 수단이었던 것이다. 바로 이 낭만주의적 니체적 음악관은 지금까지도 계속되고 있는 독일인들의 특별한 음악 정서를 문화사적으로 확인시켜주고 있다.

아무튼 정신적 혈통으로는 니체의 정서에 가까웠으나 합리적 이성의 부름에 따랐던 '과오'가 있던 나였다. 그래서 유학 시절까지도 떠나온 애인을 몰래 그리워하듯 음악에 대한 미련을 버리지 못해 계속 넘보던 차에, 전공 공부에서 덤으로 얻은 이러한 '역사 이해'는 나의 모순적 정체성의 근거를 밝혀준 셈이다. 그땐 공연히 집에서도 안 하던 '짓', 말하자면 학교 연습실에서 몇 시간씩 이유도 없이 열심히 연습을 하기도 했다. 청개구리처럼, 연습에 게으른 딸내미 때문에 가끔씩 실망하셨던 어머니께 죄송한 마음이 그제서야 슬그머니 고개를 들 정도였으니까. 지금에 와서 그랬을 거라 짐작을 하지만, 향수병을 잊기 위한 일종의 어설픈 자가 처방이기도 했던 것 같다.

그러면서 진짜 음악 대학생들의 자연스런 일상도 이렇게 저렇게 엿볼 수 있었다. 실은 많이 궁금했던 것이, 독일에서도 대부분 부유한 사람들이 음악을 하는가였다. 그러나 내가 알고 지낸 대부분의 음악 대학생들은 음악을 남보다 더 좋아하고 더 열심히 연습하고 어쩌면 평균치보다 조금 더 재능이 있다는 것 외에는 아주 소박한 '애호가'의 느낌이 더 강했다. 모두가 좋은 악기를 가진 것도, 그렇다고 피상적인 분위기가 더 예술적인 젊은이들도 아니었다. 단지 말을 건네보면 다들 주관적 식견이 강하고 섬세하며, 때로는 좀더 폭넓고 인간미가 있는 사람들이라는 걸 알 수 있었다. 그리고 '크로스 오버 Cross Over'라는 개념조차 없던 그때에도 음악 취향이 상당히 열려 있었으며, 어디서든 음악 하는 사람들과 만나서 격식 없이 노는 것과 즉흥 연주를 좋아했다. 어느 날 연습실에서 그 친구들이 연주하던 영화 카사블랑카의 주제곡 '애즈 타임 고즈 바이 As Time Goes By'와 '섬머타임 Summertime'이 아직도 귀에 들려오는 듯하다.

그러나 뭐니 뭐니 해도 속 편하게 광적일 수 있는 '신도'들은 대부분 비전공자다. 나이브하게 마음을 드러내도 켕기지 않을 만큼, 그리고 남의 평가가 두렵지 않은 안전 지대가 마련되어 있는 까닭이 아닐까. 그중 경영학도 안드레아스라는 친구 얘기도 빠질 수 없다. 인근 작은 휴양 도시의 의사인 아버지 덕에 그는 때때로 병원 부속 건물에서 열리는 음악회를 기획하곤 했다. 아버지의 형제 모두가 아마추어 또는 직업 음악가였던 덕택에 광범위한 '관계망'을 통해 행사를 열고 우리들을 초대했었다. 그러나 내게는 음악회가 끝난 후 연주자들과 '골수들'이 따로 만나던 애프터가 행사의 백미이자 색다른 경험이었다. 비전공, 그것도 왕초보 주제에 연주와 작품에 대해 이런 저런 헛소리를 떠벌이던 그 무지와 용기가 지금도 믿겨지지 않으면서도 새삼 그립다. 그때 만난 음악가들 중에는 이미 우리 나라 연주자들도 잘 알고, 연주차 또는 마스터 클래스에 초청되어 한국을 여러 차례 방문했던 이들도 있어 새삼 마음이 푸근했었던 기억이 있다. 안드레아스, 이미 많은 시간이 흘렀고 하는 일이 너무도 달랐던 탓에 서로의 소식은 끊어졌지만, 지금은 아마 제법 그럴 듯한 음악회 기획자가 되어 있지 않을까?

그러다보니 세바스찬 로스칸트가 떠오른다. 음악학과 독문학과 철학을 공부하면서 지역 신문 음악 비평을 쓰던 친구다. 그러면서 대학 교회 오르가니스트이기도 했다. 그는 '테오도어 칸트'라는 필명을 썼는데, 테오도어는 낭만주의 음악가이자 소설가인 에.테.아 호프만의 이름 '테'에서 딴 것이고, 칸트는 자기 진짜 성인 로스칸트에서 끝 두 자를 떼어내어 철학자 칸트의 이름과 똑같이 만들어버린 것이다. 우리의 '칸트'는 신문사로부터 좋은 음악회 표를 두 장씩 확보하고 있었다. 그래서 돌아가면서 한 사람씩 자기 서클 친구들을 초대했는데, 나도 그 로테이션 멤버 중 하나였다. 그런데 완전 공짜라고 할 수만은 없었던 것이, 음악회가 끝나면 정례 행사처럼 차나 맥주를 마시며 연주에 대해 의견을 나누곤 했는데, 미안하고 고마운 마음에서 나름대로 성심 성의껏 의견 개진을 해주었기 때문이다. 때때로 일인 오르간 음악회를 열어주기도 했고, 미수에 그친 '아버지 고발 사건'으로 친구들을 아연 실색하게 만든 그 친구에게도 늘 고맙다. (돈이 넉넉한 아버지가 원하는 공부를 아들이 하지 않는다는 이유로 학비며 자녀 부양을 소홀히 했기 때문에 동생과 둘이서 아버지를 고발하려 했던 일화가 있다. 실제로 독일에선 드물지 않게 있는 일이라고 한다.)

시력이 매우 나빴지만 환상적으로 비올라를 연주했던 프리데리케도 있다. 그녀는 결국 음악이 만들어준 인연으로 바이에른 방송 교향악단의 콘트라베이스 연주자와 결혼했다. 얼마 전 뮌헨 인근 호수가로 그들을 방문했을 땐 파트릭 쥐스킨트의 모노 드라마 『콘트라베이스』에 대해 즐거운 대화를 나누기도 했다.

엔지니어였던 도로테아의 아버지가 생각난다. 자식에게 별도로 투자할 의향이 별로 없었던 아버지 탓에 배우고 싶었던 피아노 학습의 기회를 놓쳤다던 친구. 그러나 신기하게도 이들 부녀는 완전 독학으로 베토벤과 쇼팽을, 심지어 그것도 긴 손가락 덕분에 엄청 빠른 속도로 연주할 수 있게 되었다. 단지 체계적으로 배우지 못한 탓에 각각의 소리들이 서로 엉겨서 깔끔한 하모니를 만들어내지 못하는 게 좀 그랬다. 하지만 그렇다고 이들의 음악 사랑이 덜한 것은 아니다. 방학이 되어 딸과 함께 방문하면 피아노가 있는 방에 내 거처를 마련해주는 배려를 잊지 않으셨던 부모님이 새삼스레 생각난다.

  이런 기억들 때문에, 이렇게 음악이 아니었더라면 가능하지 않았을 아름다운 인연들이 있기에 독일은 나에게 음악과 동의어가 되어버린 곳이기도 하다. 친구들 집에서는 우리 음악가들의 CD 한 두 장쯤은 아주 쉽게 발견할 수 있다. 한국인 친구인 나 때문에 부러 마련한 것인지는 모르겠지만, 아무튼 세계 음악계에서 당당히 설 수 있는 우리 음악가들이 이처럼 많다는 건 정말 고무적인 일이다. 이제 우리에게도 음악이라는 것이 일부 특정한 사람들에게만 허용된 '좁은 문'이 아니라, 음악을 사랑하고 재능을 가진 누구에게나 활짝 열린 기회가 된다면 얼마나 좋을까.

사건이 일어나지 않는 소설, 세계 문학의 정점

수년 전 새 밀레니엄의 시대가 열리면서 전세계적으로 이런 저런 이벤트가 많았다. 특히 흥미로웠던 것은, 미국의 TV 방송국 히스토리 채널에서 각 분야 전문가들을 대상으로 실시했던 설문 조사였다. 지난 천년 동안 인간의 삶을 획기적으로 바꾸어놓았던 인물 100인이 누구인가를 가려내려는 앙케이트였다. 아인슈타인, 누튼, 갈릴레이, 셰익스피어, 마르크스, 루터, 코페르니쿠스, 다윈 등이 10위 안에 들었다. 그런데 가장 영향력이 컸다고 꼽힌 인물은 예상 밖으로 구텐베르크였다. 독일 마인츠에서 출생한 그는, 15세기 중엽 인류 역사상 처음으로 금속 활자를 주조했다. 이 활자로 찍어낸 '36행 성서' 와 '42행 성서' 는 필사본이 아닌, 세계 최초로 인쇄된 성서로서 그의 이름을 따라 '구텐베르크 성서' 라고 일컬어지게 된다. '루터판 번역', '킹 제임스 버전' 등 소위 가장 권위 있다는 성서 해석의 '결정판' 과 나란히 인류 역사에 기록되는 영광을 누리게 된 것이다.

그런데 어떻게 수공업자에 '불과' 한 그가 그 수많은 우주의 신비한 법칙들을 발견해낸 탁월한 과학자나 인간 삶의 의미를 깨우친 사상가를 제치고 단연 선두로 올라선 것일까? 이미 알려져 있듯이 인쇄술은 나침반, 화약과 더불어 서양을 중세 봉건 사회에서 근대 사회로 이끈 세 가지 발명품으로 꼽힌다. 이 셋 중 인쇄술의 역사적 의미는 매우 인도주의적이다. 과거 폐쇄적인 사회에서 제한적 소수만이 공유할 수 있었던 지식은, 책이 다량으로 생산되면서 다수에게도 보편적으로 접근 가능해진 것이다. 그

지난 천년 동안 인간의 삶을 획기적으로 바꾸어놓은 인물 100인 가운데 가장 영향력이 큰 인물로 꼽힌 구텐베르크.

리고 이 변화는 지식을 점유한 이들만 누리던 권력이 점차 분산되는 것을 뜻한다. 말하자면 인쇄 활자는 권력의 벽을 서서히 허무는 의미 있는 역할을 했다고 볼 수 있다. 이를 염두에 두고 구텐베르크에게 표를 던진 사람은 인문학적 마인드가 철저했다고 해야 하나!

 활자 얘기를 하다 보니 우리의 팔만대장경이 떠오른다. 최초의 대장경판은 1232년 몽고 침입 때 불타버렸고, 지금 해인사에 보관된 팔만대장경판은 1236년부터 1251년에 걸쳐 제작된 8만 1,258장의 목판이다. 나중 것을 기준으로 해도 구텐베르크 활자보다 거의 200년이나 앞선 것 아닌가? 그런데 구텐베르크가 긴 세월에 걸쳐 세계의 역사를 바꾸는 데 기여해온 동안, 우리의 대장경은 조용한 산사에 은거하고 있다가 1995년 12월에야 유네스코 세계 문화 유산으로 등록될 수 있었다. 그리고 최근 들어서 세계 기록 유산에도 신청된 상태다. 정작 팔만대장경의 목판 인쇄술을 잠재우지 말고 좀더 적극적으로 활용할 수 있었더라면, 우리 사회와 역사의 변화 과정에 어떤 방향을 제시할 수 있었을까? 역사에 가정이 없다고는 하나, 이런 결과를 놓고 보니 뒤늦게 매우 아쉬운 생각이 든다.

어쨌든 그 앙케이트 결과의 설득력에 의문의 여지가 없는 것은 아니지만, 구텐베르크 활자가 서구 사회의 지각 변동에 엄청난 역할을 했다는 점을 대다수 전문가들이 인정해준 것만큼은 사실이다. 그리고 독일인들은 선조의 '획기적' 발명품을 가장 '열심히' 활용해왔다. 말하자면 역사에 부끄럽지 않을 만큼 유달리 많은 책을 써서 세상에 내놓았다는 것이다. 이런 우스갯소리가 있다. 코끼리에 대해 책을 쓴다 치자. 그러면 영국에서는 '코끼리 집단 생활의 정치적 역학 관계'에 관한 책이, 그리고 프랑스에서는 '코끼리의 성과 사랑'에 관한 책이 나올 것이고, 독일에서는 '코끼리 : 종의 기원과 변천의 역사'에 관한 세 권짜리(!) 시리즈물이 씌여질 거라는…. 이렇게 보면 세계에서 가장 큰 '서점'인 '프랑크푸르트 도서전'은 공연한 염불이 아닌 것이다. 우리 나라가 주빈국이었던 2005년 도서전에도 100여 개국에서 7,000을 넘게 헤아리는 출판사들이 참가했다 하니 그 규모를 가히 짐작할 만하다.

독일인들이 이제껏 내어놓은 책 중 상당 부분, 아니 어쩌면 개별 분야로 가장 큰 부분을 차지하는 것은 문학 작품 내지 관련 서적이 아닐까 한다. 일반적으로 독일의 작가들은 다산 작가다. 특히 괴테와 토마스 만은 세계 문학사에 빛나는 가장 '독일적'인 작가라고도 하지만, 남긴 작품 역시 그 명성에 전혀 기울지 않게 양적으로도 헤비급이다. 어느 날 나는 열네 권짜리 괴테 전집을 멍하니 바라보다가 저 정도 업적을 남기려면 매일

소설 『젊은 베르테르의 고뇌』로 유럽 문학계의 변방에 불과하던 당시 독일의 문학을 일약 그 중심으로 옮겨놓은 괴테(좌), "이 궁핍한 시대에 무엇 때문에 시인이랴"는 실존적 물음을 던지면서 시인 됨의 의미를 평생의 주제로 삼은 프리드리히 휠덜린(우).

같이 얼마만큼씩 써야 할까 하는 엉뚱한 생각이 들었다. 눈어림으로 계산해도, 편지나 일기를 빼더라도 매일 수십 쪽을 써야 했을 것이다.

토마스 만도 둘째가라면 서러워할 다산 작가다. 평생을 통해 그는 '습관화된 글쓰기'를 유지했다고 한다. 아침 식사 후 늦어도 9시에는 서재에서 글을 썼고, 오후 시간은 산책하거나 책을 읽고 편지 쓰고 사람들과 만나는 일 등으로 보냈다. 심지어 여행 중에도 아주 예외의 경우가 아니면 이 시간표를 지켰다고 한다. 이 습관은 "남자다운 가치가 있는 근면이란 항상 아침에 이루어진다"는 괴테의 원칙과도 일치한다. 이 작가들은 글을 쓰는 것도 '노동 Arbeit'의 개념으로 이해한 것 같다. 즉흥적인 것과 예술적인 것이 때때로 동일시되는 상황에서는 지키기가 매우 까다로운 '노동

예술과 삶의 이분법으로 영원히 각인된 니체(좌)와 '황야의 이리'의 독백으로 문명 비판적 물음을 던진 헤르만 헤세(우).

윤리적' 원칙이 아닐 수 없다.

 아무튼 애꿎은 구텐베르크 때문에 글을 많이 쓴 것은 정녕 아닐진데, 왜 독일인들은 그처럼 문학에 천착하고 그것을 필요로 했을까? 그들은 문학이나 철학을 할 때가 가장 자기답고 자연스러운 것 같다. 태생적으로 남국인들의 경쾌함과 낙천적 활기가 없는 독일인들이 사색과 명상으로 기우는 경향이 있는 건 사실이다. 그래서인지 대부분의 독일 문학에는 기본적으로 깊은 우수가 깔려 있다. 고독한 사변의 결과라고나 할까. 소설을 봐도 그렇다. 프랑스 작가들의 재치와 입담이나 러시아적 대서사의 스케일과 열정적 달변, 긴장감을 불러일으키는 스토리의 구성도 없다. 무슨 철학책처럼, 이른바 소설에 필수적인 '사건'이 전혀 일어나지 않는 소설이 허다하다.

그럼에도 불구하고 혹자에게는 지루하게도 여겨질 독일 문학은 — 엘리트적 분위기 덕택인지는 몰라도 — 늦어도 19세기 이후로는 언제나 세계 문학의 정점으로 꼽혀왔다. 특히 많은 서구 작가들은 이런 독일 문학을 커다란 도전으로 받아들이기도 한다. 작가들조차 매료시키는 이 문학의 본질은 어디에 있을까. 오랜 시간 이런 저런 유형의 문학을 접하는 것이 업이 된 나에게 누군가 독일 문학만의 특별한 매력이 무엇이냐고 묻는다 치자. 그러면 나는 망설임 없이 '내면성'이나 '사변적 분위기'를 꼽을 것이다. '사변'이란 단어는 생각하는 주체를 전제로 하는 말이다.

보통 독일 소설에서는 이야기를 이끌어가는 '사건'은 부차적일 수 있는 반면, 주인공의 '내면의 모습'이 부각된다. 다시 말하면 주인공을 통한 작가의 '자기 독백적' 성격이 두드러진다. 어떤 소재와 어떤 구성으로 시를 쓰고 소설을 풀어나가든지 간에, 대부분의 독일 작가들이 귀착하는 지점은 자기 자신의 문제다. 작가라는 존재를 규명하고 작가와 세계 간의 괴리를 문제삼으며, 문학의 의미 또는 문학과 사회의 관계 등을 자기 문학 세계의 구심점에 놓고 있는 것이다. 작가 자신 즉 문학이 지닌 '존재의 무거움'에 대한 끊임없는 물음과 각성이야말로 타국의 작가들까지도 사로잡았던 그 무엇이 아닐까.

독일 작가들을 이 비좁은 지면에 열거하는 것은 좀 새삼스런 일이다. 대중성을 확보했든 그렇지 않든, 나름대로 깊은 의미를 지닌 문학 세계를 구도의 자세로 평생 추구한 작가들은 이루 다 꼽을 수 없을 만큼 많고 또 많은 까닭이다. 독일 문학을 이야기하려면 —프로든 안티든— 괴테에게서 시작하게 된다. 소설 『젊은 베르테르의 고뇌』는 유럽 문학계의 변방에 불과하던 당시 독일의 문학을 일약 그 중심으로 옮겨놓았기 때문이다. 베르테르의 '질풍 노도적' 고뇌를 시작으로 빌헬름 마이스터의 '수업 시대'를 거쳐 파우스트의 구원에 이른 괴테, "이 궁핍한 시대에 무엇 때문에 시인이랴"는 실존적 물음을 던지면서 시인됨의 의미를 평생의 주제로 삼은 프리드리히 횔덜린, 세계 문학 최초로 '꿈'을 발견하여 앙드레 브루통을 위시한 20세기 초현실주의자들에게 새로운 문학의 영감을 준 노발리스, 예술과 삶의 이분법으로 영원히 각인된 니체, 작가이기에 앞서 독일 교양 시민의 전형으로 독일인들의 자부심이 되었던 토마스 만, 해답 없는 인간 존재의 문제에 가장 근접했던 카프카, 시어와 시의 가능성을 무한대로 확장한 릴케, 시는 저절로 생겨나는 것이 아니라 '만들어진다'고 선언한 고트프리트 벤, '황야의 이리'의 독백으로 문명 비판적 물음을 던진 헤르만 헤세….

그뿐 아니라 독일의 숲과 달밤을 배경으로 한 아이헨도르프, 시인의 일그러진 사랑을 노래한 하이네, '로렐라이'를 새로이 발견해준 브렌타노 등은 괴테와 더불어 슈베르트나 슈만, 후고 볼프 등의 가곡의 작시자로 이미 전 세계 음악인들에게 친숙한 시인들이다.

문학에서까지 노벨상을 들먹거리고 싶은 마음은 없지만, 그래도 보편적 기준을 말한다는 의미에서 여기서 잠깐 소개라도 해야 하지 않을까 한다. 아마도 이 상이 19세기에도 존재했더라면 독일인들은 훨씬 더 자주 그 영예의 월계관을 쓰게 되었을 것이다. 지금까지 독일의 수상자는 모두 아홉 사람으로, 역사가이자 훔볼트 대학 교수였던 1902년 수상자 Th. 몸젠과 철학자였던 1908년의 R.C. 오이켄을 제외하곤 모두 작가다. 그중에는 토마스 만과 헤르만 헤세, 하인리히 뵐과 가장 최근인 1999년 수상자

1999년 노벨 문학상 수상자인 귄터 그라스.

인 귄터 그라스가 있다.
　하지만 독일인들은 이 상에 그리 연연하지는 않는 것 같다. 아홉 회나 수상했으니 이제 '목마름'이 없어서일까, 아니면 독일인만이 독일 문학을 가장 정당하게 평가할 수 있다는 오만한 생각에서일까. 정치색으로 오염되기도 하고, 대부분의 경우 그 본래 언어로 접근하기가 용이하지 않은 노벨상 수상작보다도 오히려 자국의 문학상에 대한 관심과 자부심이 더 높다는 생각도 든다. 한 언어로 씌어진 글을 다른 언어로 옮기면, 남는 것은 주제라고 할 만한 메시지 정도이고 언어적인 뉘앙스는 어쩔 수 없이 상실되어버리는 것이 사실이다. 그리고 '세계적'이라는, 하나의 애매모호한 잣대로 어찌 그 많은 언어로 씌어진 그 많은 글들을 평가할 수 있겠는가.

독일에 유독 많은 문학상은 특별한 문학적·사회적 의미를 갖는 작가를 기리며 제정한 상이다. 게오르그 뷔히너 상, 하인리히 폰 클라이스트 상, 하인리히 뵐 상, 47그룹 상 등이 그것이다. 그런가 하면 단체나 기관 이름으로 주어지는 상도 많다. 프랑크푸르트 도서전에서 수여되는 독일 서적상, 베를린 비평가 협회상, 브레멘 시 문학상 등이 이에 속한다. 여기 언급된 상들은 서로 견주어보아도 어느 것 하나 뒤쳐지지 않을 만큼 자웅을 겨룬다. 특히 이 상들과 관련하여 의미 있는 전통의 하나로 강조하고 싶은 게 있다. '수상 연설'이다. 말 그대로 작가가 수상식에서 하는 연설을 그렇게 부른다. 그런데 이것은 그저 기쁨과 감격을 나누는 차원은 물론 아니고, 특정 작품에 대한 해설에 국한되지도 않은 강연이다. 수상 연설은 작가가 이제까지 지니고 실천해온 문학론이나 문학적 신념을 집대성해놓은 '핵심'이라 해야 옳다. 그래서 특정 작가를 연구하는 이들에게 이 연설은 거의 작품만큼이나 중요한 비중을 차지하는 자료로 대접을 받는다. 소설가 혹은 시인들에게서 어쩌면 이렇게 때로는 현학적이며 추상적인 단어들이 논리적 아름다움을 발할 수 있는지, 누구라도 충분히 느낄 수 있으리라 믿는다.

　다다익선이어서 좋은 것 중 하나가 작가와 작품이다. 독일에 좋은 작가가 많은 이유를 나는 그 나라의 문화적 전통에서 찾은 적이 있다. 사실 독일의 작가들은 그 '풍토'가 길러낸 것이라 해도 조금도 지나치지 않다. 언어와 문화와 역사를 중시하는 독일의 인문학적 전통이 낳아 기른 보배로운 자식들이다. 언어를 배우며 상상력과 지적인 능력을 키워나가고 언어를 통해 인간 역사의 깊이를 이해하는 문화적 토양이야말로 '크고 깊고 넓은' 문학을 가능하게 해주기 때문이다. 과거 독일의 작가들은 그 점을 몸소 실천했다. 이탈리아나 프랑스, 스페인이 자랑하는 내로라 하는 고전 작가들을 독일이 아직 갖지 못했던 시절은 매우 길었다. 그리고 이에 대한 열등감도 어지간했을 거다. 하지만 그들은 뒤쳐진 자국의 문학을 일으켜 세워나가는 과정에서 외국 언어와 문학에 대한 관심을 접지 않았다. 다른 나라 고전을 모국어로 번역했고, 이를 모범으로 하여 습작했으며, 또 그 과정에서 자신의 문학 세계 더 나아가 자국어 문학의 가능성을 넓혀나가 오늘의 독일 문학을 이루어놓은 것이다.

독일의 문학계를 보면서 부러운 것이 또 있다. 아까 말했던 것처럼, 요절한 경우를 제외하면 독일의 작가들은 대체로 다산 작가다. 그런데 그처럼 많은 작품을 쓰면서도 지속적으로 '상향 곡선'을 그리는 작가가 여전히 많다는 사실이다. 이것은 거꾸로 우리 문학계에 아쉬운 점이기도 하다. 우리 상황에서는 보통 어느 작가의 두 번째 세 번째 작품이 처음 내놓은 작품을 질적으로 능가하는 경우가 드물고 또 힘들다는 것이다. 작가들의 문제는 평론가에게 넘기자. 여기서 말할 수 있는 것은, 누군가 주목을 끄는 첫 작품을 써내면 다음 작품을 입도 선매하려는 출판 관행이 큰 문제라는 거다. 이렇게 되면 작가들은 심적 부담 없이 마음껏 습작할 기회를 놓친다.

그리고 이른바 '독자 지향성'도 문제다. 그처럼 다양하게 실재하는 수많은 '독자들'의 존재 대신, 누군가 임의로 정해놓은 듯한 하나의 '독자' 수준만이 존재한다. 그리고 이 '독자'의 호응을 얻는 것만이 최후의 목표가 된다. 때로 작가는 독자들로부터 자유로울 필요가 있다. 아니, 전적으로 자유로워야 한다. 이제 막 날갯짓을 시작한 재능 있는 작가의 경우에는 더더욱 그렇다. 그래야 생명력이 길다. 우리보다 훨씬 긴 '수업 시대'

를 만끽할 수 있는 독일의 작가들은 그런 면에서 조금은 행복하다 할 것이다.

　독일에는 뭐니 뭐니 해도 자발적인 독자가 많다. 지금도 독일에 가면 매번 놀라울 따름이다. 아직도 그렇게 많은 책들이, 소설이나 시가 계속 씌어지고 있고 또 이것을 읽어주는 독자가 있다. 지하철에서도 드물지 않게 책을 읽는 사람들을 만날 수 있다. 거의 아마추어에 불과한 새로운 작가들의 글을 발굴해 찍어내는 출판사가 있고, 소위 자기의 오랜 전통과 역사를 걸고 과거 문학의 경전들을 새로운 해석을 곁들여 펴내는 출판사들도 많다.

　그런가 하면 문학 작품을 보편화하는 데 라디오의 역할도 크다. 수많은 라디오 채널은 문화 시장에서 아직도 경쟁력 있는 상품이다. 특히 갓 나온 시나 소설을 낭송하는 프로그램, 방송극을 제작·송출하는 프로그램 등이 부지기수에 이르며, 작가와의 대담·토론·신간 소개 프로그램들도 다양하게 포진해 있어서 충분한 정보를 청취자에게 제공한다. 정론 일간지나 문예지 등에 실리는 흥미로운 리뷰도 독자들을 언제나 자극한다. 독자들의 수요는 의식 있는 작가와 양질의 작품을 만들어내는 자양분이 된다. 그리고 이러한 유형 무형의 신진 대사는 고스란히 그 국민의 문화적 자부심으로 승화되어왔을 것이다.

　좋은 책들이 씌어지고 읽히는 사회, 그런 작가와 독자를 존중하는 사회, 어느 특정 매체로 치우침이 없이 다양하게 공존할 수 있는 사회를 만드는 일은 이제 우리들의 몫으로 남는다.

날씨와 풍광이 만들어낸 내면적 취향

프랑크푸르트 공항에 첫 발을 내디뎠던 4월 16일, 낯선 생활에 대한 기대감도 컸지만 줄 떨어진 연처럼 왠지 심난했던 내 눈에 가장 먼저 들어온 것은 신기하게도 주변에 흐드러지게 피어 있던 노오란 개나리였다. 진달래, 개나리는 우리 산천의 봄을 '봄' 답게 만들어주는 토속적인, 한마디로 가장 한국적인 꽃이라 여겨왔기에 이 낯선 곳에서 뜬금없이 마주친 개나리들이 반갑기도 하고 조금은 생뚱맞기도 했다. 우선 나지막한 우리 개나리들보다 키가 훌쩍 컸고, 어울려 있는 주변 환경이 다르다보니 똑같은 꽃이라 해도 격과 분위기가 많이 달랐기 때문이다. 물론 여기에 개나리가 없으란 법도 없었다. 독일은 우리 나라와 위도도 얼추 비슷하고, 약간의 차이는 있지만 사계절이 있는 기후도 그렇기에 말이다. 어쨌든 이 첫 인상이 얼마나 '노랗게' 강했던지, 정신이 들 무렵 기숙사 학생에게 처음 물어본 독일어 단어가 개나리였지 싶다.

비슷한 위도에 놓이다보니 독일서 만나는 식물군은 대체로 우리 나라의 그것과 겹쳐지는 경우가 많다. 하지만 방금 언급했듯 '단 하나'로 고착된 사물들의 절대적인 모습은 기대하기 어렵다. 그때그때 그것이 놓여 있는 곳의 여러 주변 사물들과 더불어 전혀 다른 집합을 만들면서, 생소한 모습으로 비쳐지는 경우가 왕왕 있는 것이다. 때문에 이름이 같다는 이유에서 동일한 대상으로 인정해주기가 좀 애매할 때가 더러 있다.

단풍나무가 그렇다. 우리 나라 내장산이나 설악산 단풍나무 군락의 열

독일인의 마음 깊이 깔린 고독하고도 몽상적인 성격, 그리고 이 나라에서 그처럼 많은 작가와 철학자가 탄생하게 된 것은 날씨와 무관하지 않다.

정적이면서도 애절한 모습을 그 곳에서는 본 적이 거의 없다. 대체로 한두 그루 정도 생뚱맞게 서 있었던 그런 기억만 있다. 우리네 그 선연한 단풍이 아닌 빛바랜 모습으로. 그도 그럴 것이, 사철 내내 습하고 특히 짧은 여름에 기온도 높지 않은 독일 기후에서는 선명한 단풍 빛을 기대하기 어렵다. 꼭 한 번 아름답다고 느낀 적이 있었는데, 남부 독일 알프스 지방의 한 호숫가에서 단풍나무 몇 그루가 파란 하늘과 만년설을 이고 선 바위산 봉우리들과 어우러져 말 그대로 그림 같은 구도를 연출했을 때였다. 하긴 이것도 우연이 아닌 것이, 대륙성 기후의 영향을 받는 남쪽의 기후는 우리 나라와 한층 더 비슷하기 때문이다.

일상적인 먹거리도 마찬가지다. 시장에서 흔히 볼 수 있는 마늘, 배추, 배, 오이, 파, 토마토, 사과 들까지 얄궂게도 모양새가 어딘가 약간씩 다르다보니 늘상 먹던 바로 그거란 느낌이 영 들지 않았다. 이 모습과 맛에 나름대로 친숙해지는 데는 꽤 시간이 걸렸던 것 같다. 물론 맛이 선 대로 먹기야 다 잘 먹었지만 말이다.

각설하고, 여기저기 많이 돌아다녀본 사람들의 공통점은 기후와 토양이 민족성과 불가분의 관계에 있다는 것을 절로 체득하게 된다는 것이다. '그렇기 때문에 그렇구나' 라는, 때로는 억지스럽게도 여겨지는 나름대로의 결론에 이르게 된다. 유럽처럼 상대적으로 작은 대륙에서도 남부와 북부 면면의 차이는 확연하다. 날씨에서부터 그렇다. 물론 독일도 지구 온난화에 따라 기온이 다소 높아졌다. 특히 1986년 구소련 체르노빌 원전 사고 이후 맑은 날이 많아지고 기온이 높아지는 현상이 심각해졌다고들 말한다. 그래도 우리 나라와 비교해서는 날씨가 인간에게 별로 친절한 편은 못 된다. 물론 극단적인 경우이긴 하지만, 맨발 한 번 제대로 내놓지 못한 채 보내야 했던 매일같이 비만 내린 7월도 있었으니까 말이다.

그래서 그런지 해만 났다 하면 만사 제쳐놓고 선텐을 한다. 서울 88 올림픽 때 에피소드가 하나 떠오른다. 그때만 하더라도 과감한 노출에 과민 반응을 보이면서 군자연하던 한국이었으니, 서울의 햇살에 매료된 선수들이 죄다 웃통을 벗어제치고 '해바라기'를 하는 독일 선수촌 근처를 얼씬거리지 못하도록 금족령을 내렸다 하지 않는가. 독일에서 지낼 때 쾌청한 날씨엔 절로 간절했던 고향 생각, 거꾸로 오늘 같이 꾸물꾸물하고 축축한 그런 겨울날엔 독일이 살짝 그리워지는 건 아주 자연스런 일이다. 날씨가 무엇보다 중요한 분위기 메이커라는 건 확실한 것 같다.

고흐나 고갱의 그림에서 낯익은, 태양이 작열하는 남부 프랑스나 이탈리아, 스페인 사람들은 일반적으로 흥달하고 외향적이라고들 한다. 이에 상응하여 유희나 사교 문화가 발달하였고, 건축·회화 등 시각 예술이 찬란히 꽃피었다. 그들의 르네상스도 이런 시각적인 측면에 많이 치중하지 않았던가. 반면 북유럽은 겨울엔 해가 짧아 일조량이 적을 뿐 아니라 사철 비 오거나 흐린 날이 많다. 그래서 실크햇에 우산을 든 영국 신사는 매우 범북유럽적인 모습이다. 이런 날씨는 사람들을 집안으로 끌어들였을 테니, 독일인들이 지금까지도 집안을 깨끗하고 쾌적하게 꾸미는 데 지극 정성을 다하는 것도 일정 부분 같은 이유에서일 것이다. 그러나 뭐니 뭐니 해도 이들의 마음 깊이 깔린 고독하고도 몽상적인 성격, 그리고 이 나라에서 그처럼 많은 작가와 철학자가 탄생하게 된 것이야말로 날씨와 무관하지 않다. 더욱이 기라성 같은 음악가들이 뒤늦게 수입한 이탈리아나 프랑스의 음악 전통을 그토록 갈고 닦아, 자기 나라를 서양 고전 음악의 메카로 만든 것도 그렇다. 이런 내면적 취향들이 타고난 근면 성실함에 곁들여져 우리가 역사로부터 익히 아는 그런 '바로 그 독일인'을 만들어낸 것 같다.

그런데 기후만 민족성을 반영하는 건 아니다. 더 깊이 따지고 들어가면 기후는 토양이나 지형 같은 자연 조건에 제한을 받는다. 그래서인지 독일의 풍경과 자연에서도 특유한 '독일' 냄새가 느껴지는 것은 나만의 착각일까. 상공에서 아래를 내려다보면 시도 때도 없이 암녹색의 반점들이 자연스레 떠 있다. 바로 그 유명한 독일의 숲, 떡갈나무·전나무·소나무 등이 골고루 어우러져 있는 아름다운 숲이다. 그리고 이 숲 사이사이로

숲은 독일인의 이웃이자 삶의 터전으로서, 그들의 정체성과 맞물려 있다.

잘 구획되고 경작되는 농토가 있다. 숲이든 농지든 독일의 땅은 매우 비옥하다. 거의 언제나 대지는 충분한 습기를 머금고 있고, 그 속으로 뿌리내린 풀과 나무들은 잘 먹고 잘 자란 부잣집 아들 같이 우람한 체격이다. 도심 산책길에도 십수 미터가 족히 넘을 듯한 나무들이 멋들어진 구획을 이루고 있다. 어쩌면 독일 사람들처럼 저렇게 쭉쭉 잘도 자랐을까 부럽기도 했었다.

잠시 '숲 이야기'로 되돌아가보자. 숲은 생태적 관점에서 보면 나라의 허파이기도 하지만, 예술가들에게는 긴 세월에 걸쳐 영감의 산실이자 무

도심 산책길에도 십수 미터가 족히 넘을 듯한 나무들이 멋들어진 구획을 이루고 있다.

대이기도 했다. 독일의 오페라나 그림, 시와 소설 등을 접하는 이들은 유독 '숲속에서 들려오는 호른 소리', '숲속의 마녀', '숲속의 오두막' 등 숲이 배경이 된 다양한 상황을 기억할 것이다. 그만큼 숲은 — 우리네 논밭만큼이나 — 이웃이자 삶의 터전으로서, 그들의 정체성과 맞물려 있다.

그런데 사실 '숲'이라는 번역어로는 제대로 전달되지 않는 뉘앙스가 있다. 독일의 숲은 말이 숲이지 한 번 들어가 걷기 시작하면 서너 시간을 걸어도 다른 끝이 보이지 않는 경우도 많이 있다. 온종일 걸어도 인기척 하나 없이 사방이 다 똑같아 보인다. 이따금씩 말이나 트랙터를 타고 지나가는 산림원이 보일 때는 더러 있다. 그래서 그런지 독일어에는 등산이라는 말이 낯설다. 대신 이리 저리 걸어다닌다는 의미의 '반더룽Wanderung'이 훨씬 더 피부에 와닿는 말이다. 그런데 애초부터 자연스레 존재해온 숲보다는 오랜 시간에 걸쳐 조성된 숲이 더 많다고 하니, 이런 거대한 인공림을 일궈낸 독일 사람들 정말로 대단하다. 우리 나라의 산악 지형 때문에 좀더 신경을 써야 하는 일도 많지만, 그래도 천혜의 녹지대를 우리가 지니고 있다는 것은 정말 축복받은 일이고 그래서 감사의 마음으로 잘 보존해야 한다는 생각이다.

바깥에서 바라보면 그저 시커먼 배경일 뿐인 독일의 숲들은 지형에 따라서는 평평한 숲이기도 하고, 아주 완만하고 엄청나게 거대한 언덕 같은 분위기의 숲도 있으며, 산의 형세를 한 숲도 있다. 우리 나라 농촌 마을 동네 어귀의 소나무 숲이나 바닷가의 방풍림, 방파림을 연상하면 안 된다. 오히려 우리 산의 역할을 독일에서는 숲이 대신하고 있다고 보면 된다. 오죽하면 독일 남부에 '슈바르츠발트Schwarzwald' 라는 이름의 지역이 다 있을까. 그대로 번역하면 '흑림', 이 지역의 침엽수들이 어찌나 높이 자라 하늘을 가리는지 낮에도 들어가면 컴컴하다 하여 붙인 이름이란다.

아무튼 우리 수준에서는 워낙 큰 땅 덩어리니, 맨 위쪽 북해 연안에서 남쪽 스위스와의 경계까지를 직선 거리로 치면 800km가 족히 넘을 것 같다. 지금은 ICE InterCity Express라는 고속철이 있어서 불과 몇 시간이면 함부르크에서 뮌헨까지 갈 수 있지만, 이 기차가 생기기 전에는 가장 빠르다는 IC InterCity, EC EuroCity로도 10시간 정도를 달려야 했다. 바로 이 구간에서 라인과 도나우 강변의 경치를 즐길 수가 있다.

독일을 여행할 때 차창 밖에 스치는 풍경들은 눈여겨보지 않으면 대개 크게 서로 다르지 않다. 평야와 늪지, 숲 등이 섞여 있긴 하지만, 남부 산악 지대를 제외하고는 끝없이 다가왔다 사라져가는 잘 돌보아진 대지일 뿐이다. 스위스나 프랑스 남부같이 가끔씩 꿈으로 현혹하는 장면은 참 드물다.

평이하다 할 수 있을 만큼 잔잔하고 완만한 평원에 터를 잡은 독일의 자연은 드라마틱하다기보다는 시적이라 할 수 있다. 영웅적 대자연을 연상시키기보다는 소박하고 내성적인 이웃 냄새가 배어 있다. 이 같은 풍광에서는 성실한 일상, 뭔가 진지한 느낌 같은 것이 묻어난다. 마치 매일매일 만나는 좋은 사람들에게서 느끼고, 그래서 안도할 수 있는 그런 것 말이다. 오히려 이런 일상의 평범함 때문에 그들은 거꾸로 우주와 영혼의 신비랄지, 내면적이고 추상적인 것들에 대한 동경을 끊임없이 품어왔는지도 모른다. 변화가 없는 가운데 자연의 미세한 떨림을 확인하고 우중충한 날씨 간간히 영혼까지도 따뜻해지는 듯한 햇살을 즐기는 심미안을 가진 사람이라면, 이처럼 '지루한' 대지에서 어떻게 그리 심오한 음악적·문학적 상상력이 고동칠 수 있었는지 십분 공감할 수 있을 것이라 믿는다.

이 거대한 평야를 살리는 젖줄은 강이다. 그중에서도 특히 독일의 혈맥이라 할 수 있는 건 라인 강이다. '라인 강의 기적' 이라는 경제적 의미를 갖기 이전부터 이 강은 독일인들에게는 민족의 영혼이 서려 있는 '아버지 라인' 으로, 독일의 수호신이었다. 역사적으로 보면 라인 강은 여러 민족이 서로 등을 맞대고 각축하던 서유럽에서 독일의 서쪽 국경선이자 방어선의 역할을 톡톡히 해냈다. 우연의 일치인지는 모르겠으나, 독일과 폴란드 사이로 흐르는 오더 강이나 독일에서 발원하여 오스트리아와 동유럽

라인 강 굽이굽이 좌우 강안 언덕 위에는 크고 작은 성들이 자리잡고 있다. 라인 강은 독일인들에게는 민족의 영혼이 서려 있는 '아버지 라인'으로 독일의 수호신이다.

을 거쳐 흑해로 흘러드는 도나우 강이 모두 'Die Oder', 'Die Donau'로 여성 고유 명사인 반면, 유독 라인 강만 남성인 'Der Rhein'인 것이 흥미롭다. 역시 라인 강의 지류인, 포도주 산지로 유명한 모젤 강 역시 여성 'Die Mosel'로 불리우니까 더더욱 그렇다. 그렇게 이름을 통해서 '아버지'의 이미지를 토착화시킨 독일인의 지혜로운 발상은 아니었을까.

또 산업화되기 이전 라인 강 주변의 평야 지대는 비옥하여 농업이 융성했다. 비가 많이 내리는 계절에도 수량의 변화가 심하지 않고 유속도 빠르지 않아 그 유유함이 주위 대지를 풍요롭게 했다 한다.

'라인 강의 기적'을 이룬 라인 강은 지금도 관광선보다 훨씬 더 많은 바지선들이 오락가락하고 있다.

19세기 후반부터 산업화가 본격적으로 진행되면서 라인 강 유역은 공업 지대로 서서히 변신하게 된다. 라인 강의 수로를 따라 네덜란드를 거쳐 북해에 이르면 전세계로 통할 수 있었기 때문에, 우선 지리적으로 천혜의 조건을 갖추고 있었다. 제2차 세계대전 후 개발 시대에 이르면, 라인 강 유역의 루르 지방과 자르 지방은 철과 석탄을 기반으로 한 중화학 공업 지대로서의 몫을 톡톡히 해낸다. 여기서 생산된 물건들은 라인 강이라는 최적의 값싼 운송로를 이용하여 전세계로 수출될 수 있었고, 이를 통해 '부끄러운 전범국이자 패전국'이었던 독일은 '라인 강의 기적'을 일구어 내며 재기할 수 있었다. 지금도 라인 강에는 관광선보다 훨씬 더 많은 바지선들이 오락가락하고 있다. 이들 수송선과 인근 공장 폐수로 인한 오염의 혐의를 늘 받아오는 라인 강이지만, 멀리서 보면 그런 배들마저도 목가적인 착각을 불러일으킨다.

로렐라이가 아름다운 자태와 노래로 뱃사공을 유혹하고 파멸시켰다는 강안江岸, 이른바 로렐라이 언덕은 코블렌츠 근방, 바로 이 라인 강 중류쯤에 자리잡고 있다. 기차 창 밖으로 멀리 올려다보이는 언덕 위로 칙칙한 색깔의 독일 국기가 쌩뚱맞게 너풀거리고 있을 뿐, 금빛 머리를 한 고혹적인 로렐라이의 모습을 연상시키는 것은 아무것도 보이지 않아 실망이다. 슬프고도 비밀스러운 로렐라이의 모습은 언덕 위에 그녀의 동상으로 남아 있다고 한다.

일본이 한창 유럽 관광에 열을 올리던 시절, 라인 관광선이 로렐라이 언덕을 지나갈 무렵이면, 하이네가 시를 쓰고 질혀가 작곡한 민요 '로렐라이'가 늘상 울렸단다. 그런데 희한하게도 그 노래를 따라 부르는 이들의 정체는 죄다 일본인이었다니, 이미 그때부터 체질화된 우리 동양인들의 세계화 노력을 칭찬해야 할지…. 독일인들이 그 노래 부르기를 꺼려했던 이유는 따로 있었다. 히틀러 시대의 일이다. 19세기 독일 시인 하이네는 태생이 유태인이었다. 유태인 말살에 열을 올리던 나치들이었지만, 백여 년 동안 온 국민이 즐겨 불러온 이 노래를 결사적으로 금지할 방법이 마땅치 않았다. 금지해도 별소용이 없었기 때문이다. 그렇다고 유태인이 작사한 노래를 대놓고 허용할 수도 없어 진퇴양난에 빠졌던 당국자들은, 결국 '작자 미상'이라는 토를 달아 그대로 부르게 했다는 일화가 있다.

전쟁 후 독일인들은 '독일'이나 '민족', '민족주의' 같은, 조금이라도 혐의가 있는 단어들에는 모두 알레르기 반응을 일으켰다. 그런 단어들은 입에 담기조차 꺼려했다. 국가사회주의가 불러왔던 참상에 대한 일종의 과도한 반성의 제스처이기도 했다. 독일이 통일되기 전까지만 해도 그들은 소위 '민족 정기'가 담긴 민요를 공개적으로 부르기를 극도로 기피하는 사람들이었다. 그것이 아마 독일인이 일본인과 나란히 로렐라이 합창을 선보일 수 없었던 유일한 이유라던 이유였을 거다. 그래서 독일의 통일은 '조국'과 '민족'과 '애국'이라는 개념에 대한 감수성을 그들에게 되찾아준 사건이기에 의미가 남다르다.

라인 강 굽이굽이 좌우 강안 언덕 위에는 크고 작은 성들이 자리 잡고 있다. 이들은 때로는 길손들이 묵어가는 집으로 레스토랑으로, 또는 미술관·박물관 등으로 대부분 실제로 사용되고 있다. 우리 민담이 그렇듯이, 이 모든 성에는 아마 예로부터 전해져 오는 슬프고 애닯은 전설들이 담겨 있을 것이다.

어느 날 거의 자정이 가까운 시간에 기차를 타고 북쪽의 집으로 향하고 있었다. 건너편 민가와 물가의 배들이 비춰주는 불빛들이 강물을 화려하게 수놓고 있었다. 고개를 들자 멀리 언덕 위 성채들이 포근한 빛에 감싸 안겨 있는 것이 신비로웠다. 마치 구름 위에 떠서 아른거리는 마법의 성 같았다. 별들까지도 아주 총총한 밤이었다. 더할 수 없이 매혹적인 광경에 잠시 빠지다보니, 이런 순간엔 어릴 적 읽었던 갖가지 동화들을 기억으로부터 다시 한 번 들추어내고 싶어졌다.

역사가 끼여들면 일상적이고 소박했을 뿐인 아름다움도 변색될 때가 있다. 하지만 역사가 더해질수록 신화의 의미는 더 비밀스런 아우라를 발하기도 한다. 이런 역사의 이중성을 라인 강, 그리고 로렐라이 언덕에서 보았다고 나는 믿는다. 시대와 역사를 모두 떠안고 유유히 흐르는 이 강물의 도도함에서 독일인들은 '아버지 라인'의 신화를 떠올리고 또 지금까지도 확인하는 것은 아닐까.

2부
합리적인 사고방식이 주는 행복

토론할 때 가장 섹시한 사람들

언어 습관은 문화에서 한 발자국 더 나아가 민족성을 반영한다. 독일과 프랑스만큼 자주 입에 오르내리는 비교 대상도 없을 것이다. 바로 옆에 맞닿아 있고 또 시대에 따라 국경선이 애매할 때도 많았으니, 그 오랜 세월이 흘러오는 동안 '혈통'도 꽤나 뒤범벅이 되었을 법하다. 그런데도 이들은 서로를 겨냥해서는 끝까지 민족주의자다. 그렇다고 기본적인 사회 체계에서 왜 공통점이 없겠는가. 그러나 지적인 로마 문명을 가장 가까이서 물려받았다고 자처하는 프랑스 편에서 선긋기를 열렬히 더 즐기는 것 같다. 하지만 이들의 지나친 자부심은 여러 면에서 독일과 비교되는 것조차 귀찮아하거나 마음에 들어하지 않는 것 같기도 하다. 따라서 비교는 아쉬울 것 없는 프랑스 쪽에서라기보다는 독일이나 제 3국의 몫이 되곤 하는 것이다.

언어 습관도 예외는 아니다. 외국어를 못하는 유럽인 중 단연 으뜸은 프랑스인들이다. 우스갯소리로 국어 사랑이 남달라서라고 한다. 반대로 외국어에 가장 유능한 이들은 네덜란드 사람들이다. 네덜란드 말을 사용하는 인구가 상대적으로 적다보니 외국어 서적을 번역·출판하는 일이 수지가 맞지 않고, 해서 아예 원서를 그대로 사용한다고 한다. 그러다보니 자연스럽게 외국어 실력이 무럭무럭 향상되었다는 설명이다. 그런데 그것은 여러 가지 이유 중 하나일 뿐이고, 진짜 이유는 네덜란드어의 특징에 있는 것 같다. 이 말은 영어와 독일어의 중간쯤 된다. 그래서 철자는 마구 달라도 대충 비슷하게 소리 나는 독일어나 영어 단어로 추측을 해서 물건을 살펴보면, 가게에서 완전히 낭패를 볼 일은 없다. 이유야 어찌되었든 독일인과는 독일어를, 외국인과는 영어를 유창하게 구사하는 그들을 보면서 얼마나 부러웠던지. 잠깐 곁가지를 치자면, 히딩크 감독의 외국어 실력은 정평이 있다. 하지만 이것도 실상은 그가 바로 '네덜란드인'이기 때문에 가능한 일이었으리라.

독일 사람들은 일단 성실하기 때문에 외국어를 아주 아주 열심히 배운다. 독일어 및 독일어로 씌어진 모든 것에 대한 지적인 자부심은 '국내용'이고, 밖에서 필요한 말들은 알아서 틈틈이 착실히 배워둔다. 그리고 이것은 언어 학습을 중시했던 독일의 전통적 교육 방식 때문이기도 하다. 인문계 고등학교 김나지움을 중간 정도의 성적으로 졸업한 독일인이라도 대체로 라틴어, 희랍어 등의 고대어를 필두로 영어, 프랑스어, 이탈리아어 등은 웬만큼 의사 소통을 할 정도로 잘 구사한다.

그러나 그들의 일상적 대화는 꽤나 재미없다. 그들은 보통 어떤 대화를 나눌까? 우선 날씨에 대해서다. 비교적 기후가 좋은 우리 나라에 있을 때는 날씨가 그렇게 시종 일관 중요한 주제가 될 수 있다는 사실을 미처 몰랐다. 그러나 '날씨가 너무 좋다', '너무 오랫동안 비가 온다' 라든가 '너무 춥다', '너무 습하다'는 등 날씨는 대부분의 독일 사람들에게 늘상 비중 있는 화제이다. 그러나 그것은 날씨가 안 좋은 탓도 있지만, 좀더 들여다보면 화제가 궁색해서이기도 한 것 같다. 우리가 아쉬운 대로 자주 '밥 먹었니?' 또는 '언제 밥 한 번 같이 먹자'로 각종 인사와 예의치레를 하는 것과 비슷한 이치다.

반면 우아한 프랑스인들에게 이런 대화 매너는 좀 그렇다. 자세히 보면 독일인과 매우 대조적인 점들이 눈에 뜨인다. 그들의 말주변은 정평이 있는데, 시시한 화제 거리라도 아주 흥미롭고 우아하게 이야기할 수 있는 천부적인 재주가 있다. 심지어 다른 사람에 대한 공격도 어느 순간 사교를 위한 매우 '인도주의적'인 행위로 넘어가버린다. 싸움이 되지 않는다.

그런 의미에서 대화가 가장 살아 있는 나라는 흔히들 프랑스라고 한다. 프랑스인들은 계층 여하를 막론하고 누구나 '잡담'에 목말라 한다는 것이다. 그들에게 '말'은 생각이나 감정을 전달하는 소통 수단에 국한되지 않는다. 그들에게 말은 엔터테인먼트요 정신을 활기 있게 유지해주는 도구이다. 말하자면 그 자체로 '예술'이다. 그들에게는 대화의 주제가 무엇인가가 일차적으로 중요한 것은 아니다. 말을 하는 테크닉, 제스처나 눈짓 같은 표현의 방식 등 언어적 재능과 분위기가 훨씬 더 결정적인 문제다. 그러나 프랑스어 대화의 매력은 뭐니 뭐니 해도 아름다운 언어의 억양과 듣는 이들을 흡입하는 말의 템포에 있다 할 것이다. 그러니 그들에게 대화의 기교는 어쩌면 천부적인 것이라기보다는 그런 언어의 전통에서 비롯될 거라는 생각도 든다.

독일인들에게는 유감스럽게도 이런 류의 테크닉은 철저히 결여되어 있다. 누군가 말했던 우스갯소리가 있다. 어느 독일인이 프랑스인을 흉내낸다면, 그는 싹싹한 프랑스인이 되는 대신 쓸모없는 독일인이 될 수밖엔 없다는 거다. 그렇다고 독일인들이 정말 말을 제대로 할 줄 모르는 둔자들일까? 결코 아니다. 단지 '존재의 가벼움이 주는 유쾌함'을 즐겨야 하는 어떤 상황에서는 그저 무능할 뿐이라는 말이다. 그들의 말은 정확하고 논리적이며 '결과'가 따라야 한다. 그러니 진지한 토론이나 대담에서 그들의 논리 정연한 말솜씨와 어휘를 감히 누가 넘볼 수 있단 말인가? 요즘 말로 하면 그들은 토론할 때 가장 섹시하다. 그래서 가끔씩 너무 현학적이라는 비난도 감수해야 하지만 말이다. 실제로 독일에 있는 동안 가장 즐겨 보고 들었던 방송은 토론이었다. 거기서 그들은 빛나고 또 빛난다. 그래서인지 유독 토론 프로그램이 참 많았던 기억이 있다.

독일에서 인상적이었던 것은 거의 모든 시험이 필기와 구두 시험으로 이루어져 있다는 것이다. 그만큼 구두 시험 즉 '언어의 현재화'가 중요한 비중을 차지한다. 하도 겁이 많고 언어 때문에 손해를 본다고 생각하던 나는 당연히 불평 거리가 많았다. 그래서 "구두 시험이 중요하냐 필기 시험이 더 중요하냐"고 친구에게 물었다. 그랬더니 예상과는 달리 당연히 구두 시험이라는 것이다. 자신이 알고 생각하는 내용을 순간적으로 명확히 표현하는 능력이 지성인에게 일차적인 능력이라는 생각에서다. 독일의 박사 학위 취득 과정의 맨 마지막 시험은 구두 시험이다. 그러나 자기 논문에 대한 질의 · 응답으로 이루어지는 '디스푸타치온 Disputation'이든, 전공과 부전공에서 선택한 별도의 주제들에 대한 구두 시험인 '리고로줌 Rigorosum'이든, 두 상황 모두 지식의 정도를 테스트하기 위한 자리가 아니라는 점이 중요하다. 미래의 학자에게 중요한 것은 논증과 토론 능력이다. 그런 이유에서 구두 시험은 지원자가 자신의 견해를 주장하고 방어할 수 있는 능력을 증명하는 자리라고 보면 더 타당할 것이다.

생각하기를 좋아하는 독일인들은 '대화를 위한 대화'를 위해서라기보다는 자기 의견을 피력하기 위해서 말을 한다. 극단적으로 말하자면 별 생각 없이도 말할 수 있는 프랑스인과는 달리, 독일인은 자신이 표현할 수 있는 것보다 더 많은 생각을 한다. 이들에게는 생각이 없으면 말도 할 수가 없는 이상한 매커니즘이 장착되어 있는 모양이다. 그래서 어울려 대화하다보면 배우는 것은 엄청 많은데 가끔씩 피곤해지는 이유가 거기 있다. 자기 말이 뭔가 논리적이지 않거나 주장이 들어 있지 않으면 불편하고 켕기는 것이다. 그래서 독일어는 시를 짓고 형이상학을 논하기에 매우 화려하고 풍부하지만 대화에 있어서는 꽤나 걸리적거리는 언어라고 누군가 말했던가.

그래서인지 대화에서의 독일인과 프랑스인의 오류는 완전히 반대로 나타난다. 독일 사람들은 글로 표현하는 데나 적합할 만한 내용을 종종 회화에 끼워넣는 반면, 프랑스인들은 말을 할 때는 스마트할 수 있어도 글에는 적합하지 않은 내용들을 글로 쓰는 우를 범한다는 것이다.

어쩌면 언어 습관은 아주 오래 전부터 이어져 내려오는 사교 문화와도 직접 관련이 있지 않을까 한다. 프랑스에서 사교 활동은 필수적이다. 역사적으로도 귀족을 중심으로 하는 살롱 문화가 많이 발달해 있기도 했다. 그러나 애초 독일에는 살롱이 보편적 모임의 장場이 될 정도로 광범위하게 확산되지 않았을 뿐 아니라, 사교 그 자체보다는 주로 '의식화'를 위한 지적 모임의 성격이 짙었다. 어차피 사교가 별의미가 없는 나라에서는 문학과 철학에 침잠하는 일밖엔 선택의 여지가 없다. 그러나 같은 독일이라도 남부 독일에서는 조금 상황이 달랐을 것이다.

아직도 독일어는 어렵다. 그러나 그토록 '언어' 때문에 고달팠건만, 고향에 돌아오고나니 정작 가장 그리운 것은 따로 있었다. 바로 그 '말'이었다. 대화를 통해 나눈 인간적 따스함과 진실, 그리고 그 언어의 아름다움의 부재가 눈물겹게 아쉬웠다. 아이러니다.

딱딱하지만 정확한 독일어의 정직성

　독일에서 겪은 가장 큰 어려움을 토로해보라고 하면 아마도 대부분의 사람들은 가장 먼저 언어적 난관을 꼽을 것이다. 게다가 외국어를 일상 생활에서가 아니라 문어체로 배운, 그리고 전통적으로 토론에 서툰 동양 사람들은 더 말할 나위가 없다. '보통 사람'의 체험과 반응으로는 독일어는 어렵다는 것이 중론이다. 오죽하면 미국의 작가 마크 트웨인은 일찍이 "독일어는 무덤 속에 들어가면서까지 배운다"고 했던가.
　영어와 독일어는 소위 인도 게르만어라는 같은 어족에 속한다. 그만큼 문자, 어휘, 발성에서 문장의 구조에 이르기까지 많은 점을 공유하고 있다는 말이다. 그런데 영어를 한다고 해서 독일어에 무임 승차 할 수 있다고 생각하면 얼마 지나지 않아 오산이었음을 뼈저리게 느끼게 된다. 물론 모든 언어에는 ― 더더욱 외국인에게는 ― 나름대로 어려운 속성이 있어서, 독일어만 별스럽게 어렵다는 억지스러운 논지를 설파하려는 것은 아니다. 하지만 몇몇 고유 명사를 제외한 모든 명사에 남성, 여성, 중성이라는 세 가지 성이 있고, 주어가 무엇이냐에 따라 동사의 어미가 변화하며, 뒤에 오는 명사의 성이 무엇인가, 단수인가 복수인가, 주어인가 목적어인가에 따라 명사 앞에 놓인 관사와 형용사의 어미가 변화한다는 이 '미치도록 복잡한' 규칙이 달가운 사람은 지구상에 아무도 없을 것이다. 그러나 세상 모든 사물의 이치가 그렇듯이 나쁘기만 한 것은 없는 것처럼, 독일어의 '치명적 단점'으로 기꺼이 꼽고 싶을 그런 사안들이 독일어만이 가진 가장 큰 장점이 된다. 조금만 더 인내심을 발휘해서 책을 읽을 정도가 되면, 이러한 규칙들이 문장의 정확성을 담보해준다는 고마움을 곧 깨닫게 되니 말이다. 그러나 이 인고의 고개를 넘기가 그리 만만치만은 않다.

  독일어의 표현 역시 결코 유연하지 않을 뿐더러, 같은 내용의 문장이라면 영어보다도 한참 길다. 관사와 앞서 말한 각종 어미 등 부속 요소들이 많은 까닭이다. 미국 영화를 가끔씩 독일어로 볼 때 무지 바빠지는 이유다. 심지어 대부분의 경우 문장을 끝까지 들어야만 전체 의미를 제대로 파악할 수 있으니, 우리 같은 외국인들은 한시라도 긴장을 풀면 안 된다. 회화의 내용도 자칫 형이상학적이 되기 일쑤다.

  게다가 독일어에는 프랑스어의 귀족적인 아취랄지 영어의 지적인 악센트, 이탈리아어의 쾌활하고 밝은 모음이 없다. 오히려 다른 언어들에 비해 자음이 많고 구문이 비교적 길다. 그래서 자칫 딱딱한 언어로 들릴 수도 있다. 그러나 분철이 명확하기 때문에 무대에서는 정말 인상적이고 드라마틱해서 아름답기까지 하다. 몇 년 전 함부르크의 한 극단이 우리나라에서 단테의 『신곡』을 공연한 적이 있었다. 유일무이한 무대도 무대였지만, 이런 '괜찮은' 언어를 알아들을 수 있다는 자부심에 참으로 뿌듯했던 경험이 있다. 그런가 하면 슈베르트, 슈만, 볼프 등의 가곡도 독일어의 장점을 한껏 살려주는 역할을 톡톡히 하고 있다. 이 예술 가곡들이 세계적으로 그처럼 널리 사랑받게 된 이유는 물론 일차적으로 음악적인 데 있다. 하지만 이 어둡고 내성적 발음을 가진 언어가 노래로 불리울 때 내면을 토로하는 듯한 장면을 자연스레 연출하게 되는 것도 아주 중요한 이유가 될 수 있을 것이다.

그러나 가장 마음에 와닿는 독일어에 대한 평으로는 마담 드 스탈이 압권이다. 18~19세기를 풍미한 작가이자 저술가답게 그녀는 독일어의 딱딱함을 아주 애교스럽게 소화해낸다. "거짓말을 할 때 게르만의 말을 사용하는 것보다 혐오스러운 일은 없다. … 진실을 배반하기 위하여 사용하는 순간, 그 말은 말하는 사람의 의도와는 정반대로 스스로 뻣뻣하게 굳어진다고 말할 수 있을 것이다." 딱딱하지만 정확한 독일어의 정직성과 독일 국민의 진솔함을 아울러 담아낸 촌평이 아닐까 한다.

이런 저런 언어적 '문제점'들을 떠나서 독일어를 할 줄 안다는 것은 엄청난 지적인 소득이 보장되어 있다는 말과도 통한다. 독일 사람들이 누구던가? 그들이 수백 년 동안 생산, 재생산, 확대 재생산해낸 정신적 재화는 고스란히 언어 속에 저장되어 있기에, 이 언어를 해독한다는 것은 곧 지식의 보물 창고로 통하는 열쇠를 갖는 것과 마찬가지다. 굳이 칸트·헤겔·쇼펜하우어·니체·훔볼트·루터 등 철학자나 신학자의 이름을 거론하지 않더라도, 괴테·쉴러·하이네·아이헨도르프·토마스 만·헤세·그라스 등의 작가를 거명하지 않더라도, 베토벤·바하·슈만·멘델스존·슈베르트·바그너 등을 떠올리지 않더라도 그렇다.

독일어와 관련된 에피소드는 무수히 많다. 영어의 2인칭은 you 하나다. 물론 그 단어는 맥락에 따라 단수와 복수, 존칭과 비존칭으로 구분되기는 한다. 그런데 독일어는 다르다. 예를 들어 단수 2인칭을 살펴보면 소위 존칭 'Sie'와 비존칭 'du'가 있다. 굳이 번역을 하자면 '당신'과 '너'의 차이가 있다 할 것이다. 그러나 번역에서 느껴지는, 두 단어 사이에 존재하는 존대말과 반말의 차이, 즉 '신분적 불평등'은 실제 독일어에는 존재하지 않는다. 존칭어가 발달해 있는 우리말에서는 대화 상대자 중 한 사람이 하대하고, 다른 한 사람이 존칭을 사용하는 것이 하등 이상하지 않다. 그러나 독일어의 'Sie'와 'du'는 존칭과 비존칭의 개념이라기보다는 사람 사이의 친밀도를 노출하는 호칭이라는 게 포인트다. 따라서 나이나 여타의 차이가 있다 하더라도 인간적 관계의 정도에 따라 'Sie'든 'du'든 서로 간에 동일한 호칭을 사용하는 것이 정상이다.

지금도 그렇지만 내가 공부하던 당시에도 교육을 남달리 중시하는 우리 사회에서는 30대의 직장인이 일을 접고 독일로 유학을 떠나는 일이 드물지 않았다. 그 나이에 기숙사에 들어오면 20대 초반에서 길게는 후반까지의 한참 어린 학생들과 자주 마주치게 마련이었다. 어느 날 우리 공동부엌에서 어떤 우리 나라 아저씨가 혼자 투덜대고 있었다. "머리 꼭대기에 피도 안 마른 것이 '너 du'라고 하다니…." 독일어뿐 아니라 독일 문화에 익숙치 않아서 오는 작은 오해였다. 그리고 이런 오해는 누구에게나 정도 차는 있지만 체류 초기에 있을 법한 에피소드이다.

문화는 언어를 통해 수행된다는 설說을 보여주는 또 다른 예도 있다. 우리 문화권에서는 초대를 하면서 어느 정도 강권을 하는 것이 보다 예의 바른 경우일 때가 있다. 본래의 의도는, '당신은 이 모임에 꼭 필요한 존재'라는 것을 강조하는 의미일 것이다. 학생의 신분으로 기숙사에 살다보면 생일 파티, 이사 파티, 졸업 파티 등등 이런 저런 파티가 많다. 그런데 귀에 설은 단서가 자주 따라다니는 초대가 영 마뜩치 않았다. "Wenn du Zeit und Lust hast…" 말하자면 "너 시간 있고 그러구 싶으면…"이란 뜻인데, 오라는 건지 말라는 건지 도무지 짐작을 할 수가 없었다. 실제로 기분이 묘해진 나는 이런 '시덥지 않은' 초대에 응하지 않은 적이 많았다. 아주 단순한 표현이었지만, 오히려 상대방이 자유롭게 결정하도록 배려하는 말일 수도 있다는 것을, 그리고 초대의 부담을 지우고 싶지 않은 그 또한 다른 문화의 표현이란 것을 꽤 시간이 흐른 다음에야 마음으로 받아들일 수 있었다. 그러니 '언어는 문화다' 라는 말에 그 누가 토를 달 수 있을 것인가.

사색하는 국민성이 부른 정치적 비역동성

독일 사람들은 생각이 많다. 생각하는 것이 습관화되어 있는 그들은 그래서인지 때때로 고독해 보인다. 삶의 진실에 근접할수록 행복해지기보다는 그 반대이기 십상이니까. 사색적인 독일 정신은 계산된 경박함과는 상당히 거리가 있다. 피상적인 데는 너무나 무능한 대신, 무슨 일이든 깊이 파고들어야 직성이 풀린다. 약삭빠르지도 민첩하지도 못한 독일인들, 어쩌면 유럽에서도 가장 심각한 '만만디 족'에 속할 것이다. 그래서인지 이들이 어느 정도 '우울질'의 성향이라는 것도 쉽게 추측해볼 수 있다. 이런 국민성은 문학이나 철학에 독일 특유의 색을 칠하고, 거꾸로 문학과 철학의 그런 독특한 분위기는 긴 세월에 걸쳐 독일의 국민성을 서서히 고착시켜나간 그런 양상이다.

아무튼 편견에 사로잡힌 말일지도 모르지만, 역사적으로든 개인적으로든 내가 아는 독일인은 — 정치적이든 사회적이든 간에 — '사건'에 익숙한 사람들이 아니다. 그들에게 '사건'이란 주로 내면에서 일어나는 '정신적'인 것이 주류를 이룬다. 심지어 그들에겐 급격한 외부 변화에 대해 말 못할 거부감이 있다. 이것을 역사는 여실히 보여주고 있지 않은가. 단 한 번의 혁명도 화끈하게 경험해보지 못한 나라, 심지어 20세기 유럽의 이념 분단을 종식했던 역사적인 독일 통일도 영국의 명예 혁명에 버금가는 무혈 혁명으로 성취했던 것이다! 하지만 그 이면에는 한번도 프랑스 대혁

명같이 혁명다운 혁명을 '시민의 이름'으로 성취해내지 못했다는 사실에 대한 열등감 또한 크다. 이 거부감과 열등감은 어쩌면 동전의 양면과도 같이 독일인의 의식에 잠재된, 복잡 미묘한 이중적 정치관을 보여주는 일례다.

이런 '약점'을 이미 간파하고 있던 유럽인들은 오래 전부터 영국이나 프랑스 국민들에 내재된 기개랄까, 소위 정치적 역동성을 갖지 못한 독일인들을 조금은 우습게 여겨왔다. 개인적으론 인품이 넉넉하고 성실한 시민들이지만, 아니 어쩌면 바로 그렇기 때문에 권력에 대해서 무관심 내지 관대하거나 순종적이라는 것이다. 더 편하게 말하면, 스스로 남에 대해 악의가 별로 없으니까 다른 사람들도 그럴 것이라고 너무 쉽게 믿는다고 해야 할지도 모르겠다. 독일에서는 '저항적 대중의 힘'에 대해서는 말을 아껴야 할 것 같다. 상상조차 어려운 히틀러의 만행이 다른 곳도 아닌 이 '너무나도 지적인' 나라에서 터무니없이 가능했던 이유도 이처럼 단순하게 설명된다.

독일인의 이런 성향은 우리 이웃 일본인들의 그것과 상당히 비슷하다. 사적으로는 이들만큼 다정한 사람들도 드물다. 그런데 이들도 각자의 성실과 신뢰를 바탕으로 일상을 살아가는 대신, 냉혹한 현실 정치에는 대부분 눈을 감는다. 하지만 이렇게 되면 당연히 정치적 소수가 전체 국민을 호도할 위험에 노출된다.

규범이나 권위에의 '적응력'은 비단 정치적인 상황에서만 나타나는 것이 아니라, 일상 구석구석에서도 자주 목격된다. 내가 자주 이용하던 독어독문학과 도서관에서는 주중에는 저녁 7시부터 이튿날 오전 9시까지, 그리고 주말인 금요일 저녁 5시부터 월요일 9시까지 관외 대출이 허용되었다. 보통은 도서관에서 책을 참고하되, 문을 열지 않는 시간에는 빌려갈 수 있게 해준 것이다. 그런데 방학 중 금요일은 아예 오전부터 이용객이 거의 없었고, 심지어 오후 2시 이후엔 지킴이를 빼고는 사람 구경조차 힘들었다. 말인즉슨, 거기 오는 학생이 필요로 하는 책과 내가 빌려가려는 책이 일치할 확률은 거의 제로에 가까웠다. 그런데도 주말용 책 몇 권을 집에 가져갈 수 있기 위해 5시까지 기다려야 하다니…. 몇 번을 반복해 이 상황을 겪은 끝에 나는 이런 불합리한 규칙에 대해 조목조목 항변하고, 조금 더 이른 시간에 책을 갖고 나갈 수 있게 시정해 달라고 제안했다. 죄 없는 지킴이는 물론 나의 논리 정연한(?) 의견에 반박할 근거를 찾지 못하고 대부분 수긍했다. 하지만 그의 최후 진술은 "규칙은 규칙"이라는 궁색한 답변이었다.

학생의 힘이 막강한 우리 나라 대학에서 이런 정도는 아주 옛날에 해결되었을 사안이라는 생각을 떠올리니 실소가 나왔다. 왜 불합리한 규칙이라는 걸 뻔히 알면서도 바꿀 생각을 하지 않는 걸까. 독일인들은 보통 규칙을 정하는 과정에서는 머리 싸매고 토론한다. 하지만 일단 도든 모든 한 번 결정이 나면, 정해진 룰을 따르는 것이 그보다 더 원초적이고 상위의 규칙이라고 여긴다. 2005년 전면 도입된 새 독일어 정서법을 봐도 그렇다. 굳이 정서법을 바꾸어서 취할 이득이 뚜렷하지도 않은 마당에 왜 평지풍파를 일으키냐며 대대적으로 반대하던 사람들도 이제는 조용히 그 '이유 없는' 새 규칙을 익히기 시작한 모양이다. 그래서 독일 사람들은 모두 잠재적인 원칙주의자다.

그렇다면 프랑스인이 그처럼 자부심을 갖고 있는 대명제이자 프랑스 혁명의 모토였을 뿐 아니라 전세계 민주주의 이념의 토대가 된 '자유 평등 박애'의 거대 담론을 독일에서 대신해주는 것은 무엇일까? 일견 매우 평화적으로 보이는 '자유 평등 박애'가 얼마나 비평화적인 과정을 거쳐 쟁취되었는가의 문제, 즉 그 이면의 시행 착오적 폭력과 한계는 자주 잊혀지게 마련이다. 자잘한 봉건제 국가들로 이루어진 독일의 전제 군주들은, 막강한 중앙 집권적 권력을 가졌던 다른 왕정 국가들에서와는 달리 어느 정도 합리적인 통치 수단을 행사했다. 이런 통치자를 이른바 '계몽 군주'라 부른다. 독일에서 혁명이 일어나지 않았던 건 물론 '수동적' 국민성 탓도 있겠으나, 실은 '당근과 채찍'을 적당히 섞은 계몽 군주들의 합리적 정책 덕택이기도 했다. 시민들은 정치적인 한계를 학문과 예술의 영역에서 보상받을 수 있다고 믿었고, 실제로 어느 정도 그렇기도 했다. 훔볼트가 학문의 이념으로 주창했던 '고독과 자유'의 의미가 '당근'의 맥락에서 조금 설명되는 것 같기도 하다.

각 언어의 '시민'이란 단어가 조금씩 다른 뉘앙스를 풍긴다는 게 새삼 흥미롭다. 영어의 '시티즌'이 정치적 시민을, 프랑스어의 '부르주아'가 경제적 유산 계급을 의미한다면 독일어의 '뷔르거'에는 교양 시민의 의미가 있다. 이런 차이점은, 바로 해당 국민들이 일상에서 두고 있는 무게 중심을 각각 노출하는 것이다. 그렇게 보면, 앞서 던졌던 화두인 '자유 평등 박애'의 혁명 정신을 대신하는 독일 이념은 바로 '시민 교육'이 아닐까. 교육을 통한 사회의 개선은 혁명보다는 느리지만 부작용이 덜하고 안전하다고 독일인들은 인식한 것이 아닐까 나름대로 생각해본다.

다시 본래 주제로 돌아와보자. 변화와 혁명을 기피한다는 점에서 그들은 어찌 보면 철저히 비정치적이라 할 수 있다. 이 성향이 '반시민적'이란 의미는 물론 아니다. '시민 정신'에 관해서라면 독일 사람들은 아주 철저하다. 과거 역사로부터 물려받은 교훈은 이제 그들의 시민 정신이 늘 각성해 있도록 하는 전조등의 역할을 한다. 예를 들어 환경 운동에서 출발하여 연방 의회 원내 정당으로 당당히 급성장했던 녹색당Die Grünen은 독일에서 최초로 정치 세력화하는 데 성공한 시민 단체다. 녹색당은 표방하는 정치적 목표가 뚜렷하고 참신했기에 어떤 정당보다도 세계인의 주목을 끌기에 충분했다. 그들은 '힘'의 향방을 둘러싼 명분뿐인 싸움에 골몰하지 않았다. 대신 환경 문제, 반핵 운동, 교육 문제, 교통 문제 등 시민들의 일상적 경험에서 걸러진 것들을 정책에 반영하는 생활 정치인으로서의 색채를 유지하면서 신선한 이미지를 심어주었던 것이다. 녹색당도 어차피 인간들의 단체인지라 긴 세월이 흘러가는 동안 이렇게 저렇게 변모되었고, 지금은 다른 유사 정당들과 연계되어 있기는 하지만 말이다.

아무튼 '비정치적 독일'이란 평가는 곧 '철학적인 독일'이라는 말로 바꾸어볼 수도 있을 것 같다. 형이상학적인 것보다는 실용적인 응용 지식에 강했던 로마인의 전통은 그대로 프랑스나 이탈리아로 전수되었다. 그렇기 때문에 현실적인 라틴족에게서는 경험 철학이 강하다. 반면 로마가 아닌 기독교에 의해서 문명화된 이들 독일인에게서는 사변적 관념 철학이 강하며 또 엄격하게 윤리적인 특성도 두드러진다.

누누히 말하지만 독일 사람들은 '철학'하기 위해 사는 듯하다. 이 말은 부분적으로는 좁은 의미에서 철학이라는 학문을 뜻하기도 하지만, 일반적으로는 '생각' 과 '신념' 을 의미한다. 이런 철학적 태도는, 독일이 역사에 누적된 현실적인 문제들을 타개해나가는 데 단기적이고 직접적인 도움을 주지는 않았다. 그리고 이 철학적 풍토는 과거 봉건 국가 독일을 하나의 통일된 나라로 꾸려나가는 데에도 별 능률적인 역할을 하지는 못했다. 그럼에도 불구하고 독일의 철학이 정말 훌륭한 것은, 자기 성찰과 자기 비판을 꾸준히 가능하게 하기 때문이라고 감히 말할 수 있을 것 같다.

굼뜨지만 합리적이고, 무서울 정도로 정확한 돈 계산법

독일 사람의 특징 중 하나는 '잔머리'에 무척 약하다는 것이다. 물론 거기도 사람 사는 곳이니 왜 '잔머리'가 없겠냐마는, 대체로 그렇다는 뜻이다. 잔머리는 '계산'에서 나온다. 아무튼 숫자 계산에 관한 한, 우리는 독일 사람 대비 거의 천재 수준이다.

독일에서 오래 지내다보면 자기도 모르는 새 습관적으로 따라 하는 일들이 있다. 그런데 정말로 안 되는 게 있다. 계산법이다. 거스름돈을 셈할 때가 압권이다. 20유로 짜리 물건을 사는 고객에게 100유로짜리 지폐를 받았다고 가정해보자. 얼마를 거슬러주어야 할까? 뺄셈 덧셈 할것없이 모두 강한 우리 머리는, 이 경우 훨씬 효과적인 뺄셈을 적용한다. '100 - 20 = 80', 따라서 80유로를 거슬러 주어야 한다는 계산이 금세 나온다. 그리고 망설임 없이 80유로를 세서 돌려줄 것이다.

그런데 독일 사람들은 사뭇 다르다. 여기서는 뺄셈이 아니라 덧셈이 통한다. 속으로야 뺄셈을 하는지 안 하는지 잘 모르겠지만, 결과적으로 유효한 건 덧셈법이다. 받은 물건 값 20유로에다가 돌려주는 돈의 액수를 더해나가서 최종적으로 100을 만드는 것이다. 예를 들어 10유로 지폐로만 거스름을 돌려준다면, (20 + 10 =)30, 40, 50··· 이렇게 늘어나서 90, 100에서 끝이 난다. 아니면 5유로 지폐 2장, 10유로 2장, 50유로 1장으로 복잡하게 돌려주면 계산은 이렇게 나온다: (20 + 5 =)25, 30, 40, 50, 100이 답이다. '빨리빨리'에 익숙한 우리 나라 사람들은 처음에는 답답해서 숨이 막힐 것이다. 우리 나라 초등학교 저학년도 족히 풀 만한 시험 문제다. 거의 한 자릿수 덧셈만을 하는 수준이다.

그런데 가만히 보니 그들은 거북이 덧셈만 하는 것이 아니다. 더해나가는 와중에 지폐를 하나씩 빈 자리에 차곡차곡 놓아가면서 돈을 정확히 세는 문제도 해결한다. 두 일을 천천히 동시에 하니, 엉뚱하게 돈을 더 내어주는 일은 결코 없을 것 같다. 우리는 어떤가? 정확한 뺄셈으로 80의 답을 먼저 구했다. 하지만 돈은 따로 세어야 한다. 그것도 두 번씩이나. 그러니 일의 속도는 막상막하, 아니 어쩌면 그들이 더 빠를 수도 있겠다. 굼뜨지만 합리적인 독일식 계산법이다. 그리고 그들의 보편적 삶의 방식이기도 하다.

이상한 계산법은 또 있다. 언젠가 그렇게 살고 싶던 지붕 아래 다락방에 서너 달 세를 얻어 살았던 적이 있다. 365일 더운 물 콸콸 쓸 수 있는 우리 나라 아파트와는 달리, 아직도 독일엔 온수 보일러를 따로 가동해야 따뜻한 물을 쓸 수 있는 집이 태반이다. 한겨울 어느 날 이 보일러가 고장이 났다. 아무리 혹한이 아니라고 해도 찬물로 세수를 하고 샤워를 제대로 못한다는 것이 보통 일은 아니었다. 사정이 이런데도 나를 빼고는 수리기술자나 집주인인 리히터 부인은 전혀 급한 게 없는 것 같았다. 아무튼 시간이 갈 만큼 가고서야 기술자가 다녀갔다. 그런데 이번에도 뭔가가 잘 안 되어 또 와야 된다고 했다. 가지고 온 부속품에 문제가 있다는 거였다.

그날 리히터 부인에게서 듣자니, 오늘 수리비는 오늘대로 나가고 다음 번 출장비도 그것대로 또 내야 하니 많이 들어 속상하다는 얘기였다. 독일의 기술자들은 보통 시간당 임금을 받기 때문이라 했다. 그리고 보니 파마 얼마, 커트 얼마 이렇게 정해놓는 미용실이 더러 있긴 해도, 전통적으로는 머리를 만지는 시간에 따라 고객이 지불하는 것이 원칙이다. 언제나 그렇듯이 나는 우리 나라의 경우를 얘기했다. 우리는 건당 재료비와 공임을 합해서 얼마, 이렇게 전체 금액제로 계산을 하니 얼마나 합리적이냐고 으스대기까지 했다. 몇 번 오건 얼마나 오래 일하건 그건 그쪽 문제고, 무조건 그 선에서 고쳐야 한다고 했다. 그럼 아줌마도 오늘 같이 재수없는 일은 없을 게 아니냐, 오늘 그 사람이 문제 해결을 못한 건 그 사람 기술 문제지 아줌마 탓이 아니지 않은가, 그런데 왜 아줌마가 그 비용을 부담해야 하는가, 그리고 시간제로 계산하면, 작업 시간을 길게 하기 위해 기술자들이 일을 일부러 천천히 하는 경우는 없겠는가, 나름대로는 다각적으로 분석해가며 이의를 제기하기도 했다. 실은 불난 집에 부채질하는 꼴이었지만 말이다.

  나의 '공격'에 리히터 부인은 전혀 놀라지도 약올라하지도 않고 이렇게 답했다. 그 기술자도 어쩌면 피해자다. 우리 집에 두 번 나오는 대신 다른 데 일을 못 나가는 수도 있어서, 그 사람에게는 그게 그거인지도 모른다. 그리고 일부러 늦게 일하는 사람은 없을 거다. 한 마디로 서로 믿고 일해야 한다는 요지였다. 글쎄 우리식과 독일식, 어느 계산법이 더 합리적인지는 아직까지 확인할 바가 없다. 하지만 독일이 아직도 신뢰할 만한 사회라는 결론이 내게 확실히 전달된 건 사실이다. 신용 사회는 단지 '신용 카드'를 많이 사용하는 사회가 아니라는 말을 이렇게 우회적으로 들을 수 있었던 거다.

그렇다고 독일 사람 모두가 계산에 어두운 건 아니다. 방학을 이용해서 새벽 기차를 타고 여행을 떠나던 날이었다. 차표는 미리 여행사에서 구입해두었었지만, 차 타기 직전에 역에서 인터시티 InterCity 추가 운임표를 사느라 시간이 빠듯했다. 정신없이 기차에 오르고 검표원이 다가왔다. 그런데 웬일인지 아무리 뒤적거려도 방금 산 추가 운임표가 없었다. 너무 서두르다보니 정작 중요한 건 못 챙긴 채 돈만 내고 그냥 기차로 내달은 것이다. 그래서 그 자리에서 그걸 다시 사야 했다. 그런데 설상가상으로 당시 독일 돈 마르크가 하나도 없는 것이 아닌가. 달러만 달랑 들고 나온 것이다. 그나마 마지막 5마르크는 역 창구에 주고서 말이다. 하는 수 없이 10달러를 내고 얼마 가량의 거스름을 받았다. 그가 한참 숫자로 설명을 하며 돈을 돌려줬지만, 그 복잡한 숫자들을 제대로 알아들을 수도 없었고 들을 생각도 없었다. 아무튼 발등의 불은 껐다.

그 와중에 앞자리에 누가 있는지 쳐다볼 겨를조차 없었다. 신문을 펼쳐든 그 아저씨가 말을 건넬 때까지는 그랬다. "지금 내가 신문에서 환율을 보니 댁이 거스름을 덜 받았어요." 나는 괜찮다고 했다. 어차피 10달러에 곱하기 둘을 해서, 거기서 5마르크에 벌금 1마르크 더한 6마르크를 빼면 14마르크 남는다. 한 두 마르크 없다고 큰일 날 것도 아니고. 거기다 나는 이 독일 땅에서 미국 돈으로 독일 기차표도 성공적으로 사지 않았는가 말이다. 그런데 그는 내가 동방예의지국의 딸로서 따지는 것을 무례한 일이라 여긴다 생각했는지, 아님 말이 서툴러 잘 따지지 못할 거라 생각했는지, 다음에 다시 검표원이 지나가면 자기가 대신 말해주겠다고 했다.

그러더니 정말로 그는 검표원에게 조목조목 따졌다. 지금 환율이 얼마고, 이렇게 저렇게 계산해보니 저 여자가 받아야 할 거스름돈은 얼마다, 그런데 당신은 얼마밖에 돌려주지 않았으니 얼마를 더 주어야 한다. 그러고도 한동안 뭐라고 닦아세우는 눈치였다. 내게 사과하라는 말은 확실히 알아들었다. 얼굴이 벌개진 검표원은 정말로 '확실히' 사과를 하고 모자란 거스름돈도 추가로 돌려주었다. 그러나 그 신문 아저씨는 그걸로도 모자랐는지 기차 총책임자까지 불러서 내게 정중히 사과를 시켰다. 철저하게 무서운 '과거 청산'이었다. 사족을 덧붙이자면, 아저씨의 그 놀라운 암산 실력은 그럼 뭐지? 이제 와서야 그런 생각이 문득 든다. 나의 출발 에피소드는 이렇게 정신없이 마무리되었다.

아무튼 약 열흘 간의 여행을 무사히 마치고 새벽녘에 뮌스터 역에 내린 나는 갑자기 호기심이 발동했다. 평소 소심한, 그것도 독일어를 하려면 더 소심해지는 나였지만 다부지게 맘을 먹고 추가 운임표를 산 그 창구로 갔다. 가서 자초지종을 얘기했다. 이 사람이 내 말만 믿고 5마르크를 돌려줄까? 그날 근무자는 내 출발 일자의 기록을 꼼꼼히 체크했다. 그러더니 바로 그날 입금액 중 5마르크가 남는다며, 곧장 그 돈을 내어주는 것이 아닌가.

정말 독일인의 계산법은 이처럼 터무니없이 빠르고 또 정확할 때도 있는 것이다.

융통성마저도 합리적이어야 행복한 사람들

　독일 유학 초기 그야말로 생존 경쟁의 투사처럼 학교 생활을 시작할 때이다. 지금 기억으로는 어떻게 그 어려운 말을 이해하고 시간표를 짰는지 모르겠지만, 강의 안내서를 받아들고 낑낑거리면서 첫 학기 수업 시간표를 짰다. 수업 시간은 두 시간 간격으로 나와 있었는데, 예를 들면 언어학 개론이 10~12시 이런 식이었다. 당시 한국에서 50분 수업에만 익숙하던 나로서는 이제 한 번 들어가면 알아들을 수 있을지 없을지도 가늠이 안 되는 두 시간을 꼼짝없이 붙어 앉아 있어야 하는 것이다.
　부지런한 한국 유학생답게 나는 여유를 두고 강의실을 찾아가서 앉았다. 첫 수업부터 정신 차리고 열심히 하고자 하는 마음으로 일찌감치 강의실로 들어서면서도 나말고 한 두 사람 더 강의실에 앉아 있으려니 기대했는데, 내가 찾아간 곳은 텅 비어 있었다. 나는 뭔가를 잘못 보고 강의실을 착각하고 있다는 생각으로 순간 불안해졌다. 강의실 외벽 문 옆에 붙어 있는 강의실 표를 보니 분명 내가 수강하려는 과목이 표시되어 있었다. 좀 여유 있게 왔지만, 이제 곧 10시가 되는데 그때까지도 도무지 나타나는 학생이 아무도 없어, 나는 불안한 마음으로 커다란 시계의 초침 한발 한발을 계속 지켜보면서 어쩔 줄 몰라하고 있었다. 그대로 더 기다려야 할지 다른 강의실을 찾아보아야 할지 모르는 채 그야말로 진퇴양난이었다. 분명 내가 뭔가를 잘못 알고 아무도 오지 않는 교실에서 오도카니 앉아 있다는 생각이 가슴마저 쿵쾅거리게 했다. 교실이 변경되었다면 빨리 다른 교실로 옮겨야 하는데, 어디로 가야 하는지도 알 수 없으니 교실을 나갈 수도 없는 데다, 휴강 공고가 있었는데 나만 못 알아듣고 바보처럼 앉아 있다는 생각을 하니 창피함마저 몰려왔다. 누구에게 묻자니 웃음거리가 될 것 같은 기분이 들기도 하고. 독일어를 오죽 못 알아들었으면 수업 변경 사항도 모르고 빈 교실에 앉아 있는 조그마한 동양 여학생이 도무지 어떻게 수업을 들을 수 있다고 저러고 있나 하며 나를 쳐다볼 것 같아서 더 안절부절못하였다.

내게는 일년만큼이나 길게 느껴지던 얼마간의 시간이 지나자 한 두 명씩 학생들이 강의실로 들어서더니 순식간에 수강생들로 꽉 들어찼다. 잠시 후 강의를 담당하시는 교수님이 들어오시고 강의가 진행되었다. 나는 모든 사람들이 나를 바보로 만들 작정으로 뭔가를 작당하였다는 생각까지 하게 되었다. 첫 수업은 그렇게 끝이 났는데, 이 교수님은 수업 종료 15분 전에 수업을 마치시는 것이었다. 오늘은 첫날이라 수업이 좀 일찍 끝나는가보다라는 또 한 번의 나름대로의 추론에 만족하고 있었다. 아직까지도 왜 다른 학생들과 교수님이 거의 15분이나 되는 시간을 단체로 지각하는 사태가 벌어졌는지를 이해하지 못한 채 그나마 휴강 공고를 알아듣지 못한 경우는 아니려니 하면서 나름대로 안도의 숨을 내쉬었다. 더욱이 교수님이 일찍 끝내준 덕분에 여유롭게 다른 강의실로 옮겨갈 수 있음을 만족해하며 다음 수업으로 향했다.

그런데 이게 웬일인지, 다른 수업 시간도 텅 빈 교실에 내가 제일 먼저 온 것이 아닌가? 아니 수업 첫날은 모두 지각하는 것이 관례인가 하면서 미심쩍은 마음을 털어버리지 못하고 있는데, 나중에 교실로 들어오는 학생들도 먼저 와서 오도카니 빈 강의실을 지키고 있는 나를 별로 이상하게 여기는 것 같지는 않았다. 아니 독일인들이라면 시간 관념이 정확하기로 정평이 나 있는 민족이 아닌가? 시계 초침마저도 외면하지 않는 정확성은 어디로 가고 이 무슨 단체 지각 사태란 말인가? 그 동안 가지고 있던 독일인의 근면함과 시간의 정확성은 다 교과서 속의 허상이었단 말인가? 독일의 현실은 이렇게 다른 것인가? 등등의 오만가지 생각이 나의 신뢰에 대한 배신감과 함께 스쳐지나가고 있었다.

나는 기어이 한 학생에게 왜 학생들이 모두 수업 시간에 늦게 오느냐고 물었던 것 같다. 아마 여실히 서툰 독일어 실력이었겠지만, 시간표에 적힌 12~14라는 표시를 볼펜으로 꾹꾹 가리켜가며 거의 울고 싶은 표정이 아니었을까 싶다. 그런데 그 질문을 받은 학생은 참으로 야비하게도 입가에 엷은 웃음을 띠면서 "아카데미쉐스 피어텔"이라고 말하는 것이 아닌가? 이건 또 무슨 황당 무계한 소리인가? 아니 피어텔이라면 4분의 1을 뜻하는 것인데, '학문적 4분의 1' 이라니 이 무슨 해괴한 소리인가? 순간 더욱 당황하게 된 것은 물론 질문을 던진 나 자신이다. "뭔 피어텔?" 하듯 당황하는 기색을 감추지 못하는 나의 표정이 나의 난처함과 몰이해의 모든 것을 말해주고 있다는 듯 그 학생은 줄곧 웃음 먹은 표정으로 시간표에는 그렇게 적혀 있어도 강의는 12시 15분에 시작해서 13시 45분에 끝난다는 것이었다.

독일어로 '피어텔' 은 4분의 1이라는 뜻이지만 시간과 관련해서는 60분의 4분의 1이란 뜻이므로 15분을 의미한다. 그러니까 시간표에는

12~14라고 적혀 있어도 대학교 수업에서는 '아카데미쉐스 피어텔'이라는 명목으로 수업 시간 앞뒤로 15분씩 30분이 잘려나간 1시간 30분, 즉 90분이 정작 수업 시간에 해당된다는 말이었다. 그러니 다음 시간이 12시부터 14시라면 12시 15분에 시작하여 13시 45분까지 수업이 진행되는 것이었고, 그래서 한 수업에서 다른 수업까지는 두 강의를 연속으로 듣는다 해도 30분 간의 휴식 시간이 있는 것이었다. 간단히 요기도 할 수 있고, 강의동이 멀어도 충분히 이동할 수 있는 시간이다.

듣고 보니 그런대로 합리적인 시간 분배라는 생각이 들었다. 90분 수업이면 이미 집중의 한계를 넘어서려는 시간이니 집중할 수 있는 최대 시간이 한 수업에 배려된 것이며, 한 수업에서 다른 수업으로의 이동이 전혀 부담스럽지 않기 때문이다. 더군다나 독일의 전통적인 대학들은 대학 캠퍼스라는 개념 없이 건물들이 시내 여기 저기에 흩어져 있어, 다른 강의실로의 이동에 충분한 시간을 가지고 여유 있게 움직일 수 있는 시간이기도 하다. 독일 사람들이 어떻게 여유를 찾고, 어떻게 생활 공간과 시간을 합리적으로 운영하는지 보여주는 한 단면으로 생각되었다. 뿐만 아니라 우리가 약속 장소에 한 10여 분쯤 늦게 나타나도 웃으면서 "아카데미쉐스 피어텔"이라고 말하면 대충 미소와 함께 용서가 되는 느낌이었다.

강의에 따라서는 이 아카데미쉐스 피어텔이 적용되지 않는 경우도 있는데, 그럴 때면 시간표에 아카데미쉐스 피어텔이 적용되지 않고 정시에 시작된다는 약자 표시 s.t.가 되어 있다. 아카데미쉐스 피어텔은 그러니까 c.t.로 표시되는데, 라틴어의 cum tempore 로부터 유래한다. 라틴어로 'cum'은 영어로 말하면 'with'이고 'tempore'는 'time'을 의미하니, 직역하면 '시간을 가지고' 라는 의미가 되므로 어느 정도 시간적 여유가 있다는 뜻으로 풀어 생각할 수 있다. 반면에 s.t.라는 표시는 라틴어의 'sine tempore'로 글자 그대로 하자면 'sine'은 영어의 'without'의 뜻이니 직역하면, '시간이 없다' 라는 의미가 되는데, 여유분의 시간을 두지 않는 것으로 풀이된다. 물론 시간표에는 깨알만한 글씨로 강의 시간 표시 옆에 s.t. 또는 c.t.라는 글씨가 있었지만 시간과 장소, 강의 제목에만 신경을 곤두세웠던 나로서는 눈에 잘 들어오지도 않는 이 작은 글씨의 존재를 완전히 무시하고 있었던 것이다.

    아카데미쉐스 피어텔의 유래는 대략 두 가지다. 그 하나는 강의 이동을 위한 충분한 시간의 배려라는 점이고, 다른 하나는 수업 시작 전에 지난 시간에 배웠던 부분을 복습할 수 있는 시간을 두는 것이다. 이 15분 단체 지각 사태에 대한 궁금증이 풀리고 난 후 지난 수업 시간을 생각해보니, 모두 나의 기준으로 15분 정도 늦게 강의실에 들어선 것 같은데 막상 그 시간을 넘겨 지각하는 학생은 없었던 것 같았다. 그러면 그렇지. 비단 그날의 경험에서뿐만 아니라 독일에서 유학하는 동안 지각하는 학생들을 거의 보지 못한 것 같다.

최신 네비게이션을 뺨치는 '친절한' 독일인

　독일 사람에 대한 인상이나 개인적인 경험이 모두 같을 수는 없지만, 그래도 많은 사람이 공감하는 부분 중의 하나는 '친절한 독일인'이다. 물론 전혀 다른 경험을 한 경우에는 이런 나의 이야기에 동의할 수 없다고 할 수도 있겠지만, 독일에 살면서 한 두 번쯤은 겪었음 직한 일이라 이 '친절한 독일인'을 소개하고 싶다. 이 친절한 독일인은 사실 우리가 어디서나 쉽게 만날 수 있다.

　그를 만나기 위해서는 우선 잘 모르는 지역에서 길을 묻는 것이 좋다. 친절한 독일인들의 대답은 그야말로 최신 네비게이션을 뺨친다. 예를 들면 이런 식이다. "아 그 곳이요! 음 자 봅시다. 여기서 두 블럭을 곧장 가세요. 그러면 신호등이 나옵니다. 신호등이 나오면 오른쪽으로 꺾어서 약 100m를 가세요. 그리고 은행이 보이면, 그 은행을 끼고 다시 왼편으로 붉은 담 집이 보일 때까지 가세요. 거기서 두 블럭을 계속 가시면 되는데, 잘 모르겠으면, 그 근처에서 다시 한 번 더 물어보시는 것이 좋을 것 같군요. 대략 걸어서 15분쯤 걸릴 것 같네요."

　여기가 끝이 아니다. 그 복잡한 과정을 확실히 기억에 남겨주기 위해서 같은 경로를 다시 한 번 되풀이해준다. 듣고 있는 나의 눈빛을 계속 체크하면서 일순간이라도 이해가 덜 된 듯한 느낌이 스쳐가면, 그 부분을 다시 반복한다. 상대방으로부터 모두 알아들었다는 무언의 신호가 떨어져야

비로소 놓아준다. 그런데 그게 또 다가 아니다. 내가 그 '친절한 독일인'이 가르쳐준 대로 잘 가고 있는지 그의 시야가 허락하는 한 눈을 떼지 않고 나의 발걸음을 추적한다. 영 미심쩍어지면, 나를 뒤쫓아와서 내가 올바른 길에 접어들 때까지 동행하는 경우도 있다. 그가 가르켜준 행로를 벗어나면 이건 큰일날 일이다.

독일인들의 이런 친절은 그들의 철저함에서 비롯된 것일 수 있다. 작은 못 하나 1센트도 간과하지 않는 세심함과 철저함이 지금도 그들을 세계의 선진 대국으로 이끄는 힘이 아닐까? 독일 사람들의 계산법은 1센트도 놓치지 않는다. 우리라면 그냥 별거 아닌 것으로 간과할 수 있는 작은 동전도 독일에서는 절대로 흘려보내지 않는 것이다. 1센트라면 우리의 12원쯤에 해당되지만, 1센트를 소홀히 하는 사람은 없다. 물건 값을 지불할 때 돈을 받는 입장이나 내는 입장이나 마찬가지다.

이러한 독일인들의 철저함이 배어 있는 생활 환경 때문에 막상 그곳에서 생활하는 데는 많은 편리함을 누릴 수 있다. 다만 거기에 익숙해지기까지 시간이 좀 요구되는 것뿐이다. 어느 정도 익숙해지고 난 후 독일에서 생활하면서 '무엇인가 좀 불편하다'라고 느끼면, 그 느낌을 가지는 순간 주변을 찬찬히 살펴볼 필요가 있다. '뭔가 이 자리에는 있어야 하는데', 하면 반드시 그 자리에 불편함을 해소하는 장치가 있다. 다만 그것이 우리의 문화와 정서상 좀 낯선 것이기 때문에 금방 눈에 들어오지 않았을 수도 있고, '이렇게까지야'라고 생각할 정도로 너무 당연시되는 것이어서 오히려 간과되는 것일 수도 있다.

고속 도로에서의 표지판도 마찬가지인데, 처음 가는 고속 도로를 지도와 표지판만 바라보면서 차를 달리다가도 '이제쯤이면 사인이 나와 주어야 하는데' 라고 생각하는 바로 그 자리에 다음 사인이 있다. 정말 철저하고도 신기하리 만큼 이용자의 마음을 읽어주고 있는 느낌이다. 고속 도로 표지판뿐만이 아니라 모든 체계가 빈틈을 허용하지 않기 때문에 때로는 적당히 융통성을 가지고 좀더 편안함을 추구할 수 있어보이는 상황에서까지 우직할 정도로 원칙을 고수한다. 빨리빨리에 익숙한 우리들의 눈에는 답답해 보일 때가 한 두 번이 아니다.

철저함을 생활 철학의 바탕으로 하는 독일 사람들은 때문에 '대충대충' 이나 '빨리빨리' 와는 거리가 멀다. '까짓 것' 은 아마도 독일 어휘집에서는 평생을 뒤져도 만나지 못하게 되는 단어일 것이다. '대충대충' 이라는 말이 독일 말로 무엇일까 곰곰이 생각해보지만, 답이 잘 떠오르지 않는다. 콘스탄쯔에는 보덴제라는 호수에서 잠시 멈추었던 라인강이 다시 북서쪽으로 흘러가는 길목에 오래된 '라인 브뤼케' 가 있다. '브뤼케' 는 독일 말로 다리를 뜻하니 라인교가 있다는 말이다. 신시가지와 구시가지를 이어주는 이 중요한 다리는 제법 많은 교통량을 소화해내고 있었는데, 기존의 이 다리말고 좀더 하류 쪽에 보행자를 위한 또 하나의 새로운 라인교를 만드는 일이 진행되었다. 그런데 그 과정이 심상치 않았다.

우선 콘스탄쯔 대학교 법대 교수들에게 다리 건설에 대한 법적인 하자 여부를 심의하는데 우리로서는 상상도 못할 시간을 소비하면서 법적 타당성 여부에 대한 철저한 검증 단계를 거쳐야 했다. 그것을 필두로 시민단체의 의견과 행정적 시행 자문 등 건설 시행에 앞선 모든 절차상의 고비들을 넘기고도, 막상 공사가 시작되어 그 조그마한 다리 하나를 세우기까지는 엄청난 긴 세월이 요구되었던 것으로 기억된다. 우리의 '빨리빨리'의 상식으로는 도저히 상상도 못할 일이다. 우리 나라의 청계천 복원에 걸린 시간을 독일 사람들에게 들려주면, 이 지구상의 일이 아닐 거라고 생각할지도 모른다. 때문에 무엇이건 한 번 만들어놓으면 그것이 채 마르기도 전에 다시 없애버리는 우리의 초고속 행정이 빚어낸 '만들고 걷어내고' 하는 식의 연속적 시행 착오는 아예 찾아볼 수도 없다.

  이런 독일에도 변화의 조짐이 조금씩 보인다. 바로 구 동독 지역의 건설 현장이다. 구 동독 지역은 동베를린을 필두로 세계적인 '건설 현장'으로 불린다. 40년 분단이 만들어놓은 구동독의 현실이 서독과의 균형을 위해 바쁜 걸음으로 내닫고 있다. 철저함을 바탕으로 하는 독일 사람들에게 익숙하지 않은 이런 빠른 걸음이 어떤 식으로 극복될지 궁금하다.

때론 까다롭고 때론 낭만적인 독일 사람들의 격식 차리기

하루는 점심 식사에 초대된 적이 있는데, 친분이 있는 사이가 아니라 서로의 신분과 직책이 담보된 일종의 공식적인 식사였다. 초대를 해준 사람과 식당을 향해서 걷게 되었는데, 함께 걷는 동안 그가 자꾸 어색해하는 것 같기도 하고 뭔가 상당히 불편해하는 것 같았는데, 머뭇거리듯 나의 양해를 구해왔다. 여자인 나를 자신의 오른편에 두고 걸어야 하는데, 내가 그 사람의 왼편에 있으므로 예의에 어긋나기 때문에 자신이 나의 왼편에서 걸어야 한다는 것이었다. 사람마다 여럿이 걸을 때 습관적으로 동행하는 사람의 오른편 또는 왼편을 선호하는 사람이 있는데, 나는 아마도 무의식 중에 그 사람의 왼편에서 걷고 있었던 모양이다. 나는 별다른 이의 없이 나의 왼편을 동행하는 사람에게 내주고 식당에 도착했다.

비교적 한산하고 조용한 식당에서 4인용 원탁으로 준비된 자리가 예약되어 있었다. 나에게 맘에 드는 자리를 골라 앉으라는 말에 또 나는 별생각 없이 한쪽 구석 자리를 골라 앉았는데, 나의 동행은 내가 자리를 잡고 앉는 것을 보고 나서야 자신의 자리를 잡는 것이었다. 그런데 또 뭔가가 맘에 안 드는 눈치였다. 나는 앉으면서 나의 왼편 의자에 그가 받아준 외투와 핸드백을 놓았다. 한 자리 건너서 마주보는 구도를 먼저 생각했기 때문인데, 나의 동행은 역시 나의 왼편에 자리를 잡는 격식을 위해 내가 선점한 자리에서 한 자리 왼편으로 앉으려는데, 일종의 태클이 들어온 것이나 다름없는 결과가 되어서 당황하였던 것이다. 어차피 넉넉한 자리이니 한 자리를 건너서 앉는 것은 문제가 안 되는데, 보란 듯이 내가 나의 왼편 자리를 외투와 핸드백으로 선점해버리자 '이 자리는 안 돼!'라는 의미로 전달되었던 것 같다. 사실 외투를 받아주고 의자를 뒤에서 잡아주는 등의 세심한 배려에 그다지 익숙하지 않은 나는 순간순간 당황스러운데, 음식 먹으려고 자리 하나 결정하는 데 이렇게 많은 것을 생각해야 한다니 갑갑증이 다 생기는 것 같았다.

아무리 신분과 직책이 담보된 일종의 감사 표시를 위한 초대이기는 하지만, 나는 그다지 의미를 둔 것도 아니고 그냥 떠나오기 전에 한 끼 식사 초대이려니 했는데, 이렇게까지 격식을 차려야 하는 자리라고는 미처 생각해보지 않았기 때문이다. 게다가 한 사람은 기사도 정신을 발휘하여 이것저것 배려하는데, 나는 예절이라고는 아무것도 모르는 '막돼먹은' 사람처럼 느껴지는 순간이기도 했다. 아마도 상대방에 대한 격식을 갖춘 최대한의 배려와 친절 정신이었겠지만, 도무지 이런 격식에 익숙하지 않은 나에게는 그저 '편한 게 좋은 건데'라는 불만 아닌 불만이 생기니 말이다.

독일 사람들의 생활 습관 가운데는 정말 의외다 싶은 생각이 드는 몇 가지 격식 차리기가 있는데, 바로 식탁 문화가 그중 하나이다. 독일 고속도로나 국도를 달리다보면 쉬어갈 수 있는 휴게소가 심심치 않게 있다. 건물 안으로 들어가서 그 안의 시설들을 이용할 수도 있지만, 건물 밖에는 꼭 건물 안 시설을 이용하지 않더라도 야외에서 준비해온 음식물을 먹으면서 쉬어갈 수 있도록 벤치와 탁자가 마련되어 있다. 더구나 국도변에 있는 휴게소는 대부분 경치가 좋은 곳에 있어서 잠시 쉬어가면서 간식도 먹고 신선한 공기도 쐬면서 여유를 찾는다. 그런데 이런 휴게소에서 쉬어 가는 독일 사람들이 간식이나 준비해온 먹거리를 먹으려고 식탁을 차릴 때 보면 야외임에도 불구하고 제일 먼저 하는 일이 식탁보를 펴는 일이다. 게다가 근처에 야생화라도 있으면, 몇 송이 꺾어서 식탁에 올려놓는 사람들도 있다. 마치 일종의 의식을 치르듯이 그렇게 식탁을 차린다. 그런데 막상 먹는 음식은 치즈나 소시지를 넣은 빵과 보온병에 마련해온 간단한 음료 정도다. 뭐 그리 식탁을 정성스럽게 차릴 일이 있나 싶은 음식인데도 꼭 치러야만 하는 절차가 있는 것처럼 식탁을 차린다. 야외에서 여행 중에 쉬어가는 중에도 이런 식탁 차리기 격식이 있으니 실내에서는 더 말할 것도 없다.

아마도 독일 여행을 하면서 호텔이나 레스토랑에서 식사를 해본 사람이라면 경험해보았겠지만, 모든 식탁에 꽃 장식이 있고, 손님이 자리하면 켤 수 있도록 촛불이 마련되어 있는 것을 볼 수 있다. 식탁의 촛불은 정겹고 따뜻한 불빛을 만든다. 원래 소위 말하는 '무드' 잡기에는 촛불만한 것도 없다. 어디를 가도 실내 전체를 대낮같이 밝히는 대형 조명은 없고 모두 은은한 부분 조명인데, 게다가 식탁마다 자그마한 꽃 장식을 놓아주고 촛불을 켜주니 음식 먹는 분위기로는 최고다. 아마도 불빛이 그리 강렬하지 않으니 식당을 찾는 사람들도 모두 그렇게 은은한 불빛처럼 대화를 나누면서 식사를 하나보다. 아무리 사람들로 꽉 들어찬 식당에 가도 시끌벅적한 분위기를 만나기란 쉽지 않다. 대부분은 모두 몹시 수줍어하는 사람들 마냥 조용조용 사분사분 그렇게 대화를 나누면서 천천히 식사를 즐긴다.

  독일 사람들의 격식 중에서 실용성이 강조된 것도 있는데, 바로 초대된 집으로 찾아갈 때 들고 가는 선물의 종류이다. 어떤 자리에 초대된 것인지가 물론 중요한 변수이지만, 식사 초대일 때도 있고, 어떤 경우는 식사 후 집에서 한잔 하자는 초대일 경우도 있다. 그런데 식사 초대의 경우, 물론 초대한 집에서 모든 음식을 준비하는 경우도 있지만, 초대 인원 수와 범위에 따라서는 초대받은 사람들이 각자 한 가지씩 음식을 가지고 와서 결과적으로 다양한 음식으로 풍성하게 식탁을 만드는 경우도 많다. 이럴 때 별로 음식에 재주가 없거나 요리할 수 있는 여건이 안 되는 사람은 좋은 와인이나 샴페인 한 병으로 자신의 요리를 대신하기도 한다.

  좋은 와인은 반드시 비싼 와인을 말하지는 않는다. 그날의 분위기와 음식에 어울릴 법한 와인이면 되는데, 저렴한 와인이라고 좋은 와인이 아닌 것도 아니고 꼭 고가의 와인이라고 해서 반드시 좋은 것을 의미하지만은 않기 때문이다. 그날의 분위기와 준비되는 음식에 얼마나 잘 어울릴 수 있는지가 가장 중요한 선택의 기준이 되며, 또 바로 가장 좋은 와인이다. 때문에 독일에서 살면서 와인에 대한 상식을 좀 가지고 있는 것도 도움이 된다. 샴페인은 또 꼭 음식을 대신하는 역할만 하는 것이 아니라, 특히 무엇인가를 축하할 일이 있는 경우라면 아주 좋은 선물이 된다.

  와인 고르기에 자신이 없다면 그리고 초대해준 사람이 여성이거나 집에 안주인이 있다면 가장 선호되는 선물 가운데 하나가 바로 꽃이다. 하지만 화려한 꽃다발이나 꽃보다 더 부풀려진 포장 같은 것은 거의 찾아볼 수 없다. 독일 사람들의 실용 위주의 생각이 그대로 드러나는 대목이다.

어떤 사람들은 자신의 정원에서 가꾼 꽃을 대충 재활용 용지에 싸가지고 오는 경우도 있고, 오는 도중에 들판에서 들꽃을 꺾어 자연 그대로의 꽃다발을 들고 오는 사람들도 있다. 설령 꽃가게에 들러 꽃다발을 사오더라도 모양이나 포장은 결코 과장되지 않는다. 이런 것은 그야말로 불필요한 낭비가 끼여들 틈이 없다는 것을 보여준다.

그리고 또 하나 독일 사람들이 반겨하는 선물은 초콜릿과 같은 달콤한 종류의 먹거리이다. 초콜릿은 그야말로 그 종류가 너무나 다양해서 어떤 것을 골라야 할지 선택의 고통이 따를 정도다. 초콜릿 중에는 그 안에 통아몬드나 마르찌판마르찌판의 원료도 결국은 아몬드다 같은 것이 들어 있고 초콜릿으로 덮어 만든 '프랄리네'가 가장 선호되는데, 그중에는 고농도의 브랜디 종류의 술이 들어 있는 것들도 있어서 자칫하다가는 취기가 돌 수도 있다. 독일에서는 우리의 빵집에 해당되는 '베커라이'와 그냥 쉽게 제과점으로 번역될 수 있는 '콘디토라이'가 있는데, 일상에서 주로 먹는 빵 종류들을 '베커라이'에서 살 수 있다면, '콘디토라이'에서는 직접 구워 만든 케이크 종류와 프랄리네 같은 초콜릿 등의 고급 과자류를 살 수 있다. 독일에서 지나다니는 길에 콘디토라이가 있다면 한번 들러서 진열된 각종 과자와 초콜릿들을 둘러보라. 이것저것 종류별로 다 먹어보고 싶은 충동과 선택의 고통만 이겨낼 수 있다면, 나름대로 즐거운 방문이 될 것이다.

어쨌거나 독일에서는 손님을 초대하는 일도 초대받는 일도 그리 부담스럽지 않다. 가까운 사람들을 초대하는 경우라면 마련할 음식을 나누어 만들어 오도록 부탁하면 되고, 초대한 사람은 장소와 분위기 그리고 넉넉한 마실 거리를 준비하는 정도면 된다. 초대받은 사람도 자신이 가장 잘 만드는 요리 한 가지를 만들어 가거나, 분위기를 돋울 수 있는 와인 한 병이나 안주인을 기쁘게 할 수수한 꽃다발, 아니면 달콤한 먹거리를 상대방이 부담스럽지 않게 준비하면 환영받는 손님이 될 것이다. 가까운 사람들이 모여서 시간을 보낸 경우라면, 끝까지 남은 사람들이 설거지며 뒷정리를 도와주는 것은 물론이다.

격식 이야기를 하다보니 격식과 관련하여 우리가 알아두면 괜찮을 몇 가지 상식이 있다. 우선 독일 사람들과 이야기를 나눌 때 그 사람의 개인적인 신상에 대해서 질문하는 것은 되도록 피해야 한다. 더구나 상대방이 여성일 경우는 절대로 나이를 물어서는 안 된다. 기혼 여부도 마찬가지인데, 대개는 결혼한 경우 오른손 약지에 결혼 반지를 끼고 있으므로 그것을 통해서 스스로 기혼 여부를 판단하면 된다. 독일 사람들은 결혼 반지를 오른손에 낀다. 독일 사람들의 사촌격인 네델란드 사람들은 왼손 약지에 결혼 반지를 낀다. 흔히 한국 젊은이들이 별생각없이 오른손 또는 왼손 약지에 금반지 같은 것을 끼고 있는데, 독일 사람들은 묻지 않고도 대개 이것을 기혼으로 판단한다. 약지에 금반지가 있는지 아닌지는 기혼 여부를 말하는 만큼 강력한 무언의 상징이다. 때문에 결혼 반지는 함부로 뺐다 끼었다를 하지 않는다.

그리고 독일 사람들은 처음 만났을 때 대부분 통성명과 함께 악수를 교환한다. 다만 상대가 여성이고 서로 잘 아는 사이가 아니라면 그 여성이 먼저 악수를 청할 때까지 기다린다. 아주 많이 가까움을 나타내고 싶으면 상대방을 살짝 안아주면서 볼에 가볍게 키스하는데, 너무 경직되지 않고 자연스럽게 받아들이는 것이 좋다. 너무 당황해하면, 오히려 상대방이 더 당황스러워하게 된다. 길거리에서 지나치면서 눈이 마주치면 아무리 상대가 생면 부지의 사람이라도 살짝 웃으면서 들릴 듯 말 듯한 어조로 '탁Tag' 하고 인사하면 된다. '구텐 탁Guten Tag!'을 줄여서 간단하게 표현하는 것이다. 독일어를 조금 알면 아침 무렵에는 '모르겐Morgen'을, 저녁 무렵에는 '아벤트Abend' 정도로 변형하면 완벽하다. 모두 '구텐 모르겐'과 '구텐 아벤트'를 그냥 짧고 가볍게 표현하는 것이다.

안전이라면 자다가도 벌떡 일어설 사람들

　독일에는 '슈티프퉁 봐렌테스트 Stiftung Warentest'라고 하는 일종의 소비자 보호원과 같은 기관이 있다. 1964년 독일 연방 정부에 의해 설립된 이 기관은 전체 독일인의 96%가 알고 있으며, 그중 3분의 2에 해당하는 사람들이 제품 구매 결정을 하는 데 이 기관의 실험 결과를 따른다는 통계가 있다. 엄정한 중립성을 최우선의 원칙으로 하기 때문에 오직 정부의 지원과 간행물의 판매 수익으로 운영된다. 매월 특정 아이템을 정하여 이에 해당되는 제품들의 성능과 질 등을 실험한 후 그 결과를 정기 간행물 형식으로 소비자에게 알려주는 역할을 한다. 소비자들은 이러한 결과를 토대로 자신이 구매하였거나 구매하고자 하는 상품에 대한 정보를 얻는다. 여기서 다루는 제품들은 정말 다양한데, 간단한 생활 용품부터 무형의 보험 정보나 대형 건축물에 이르기까지 상품화될 수 있는 모든 것이 총 망라된다. 결과에 대한 공신력이 대단해서, 다른 것도 마찬가지지만 특히 자동차에 관한 정보는 자동차 시장에 많은 영향을 끼친다.
　2006년 월드컵 개최를 앞두고 '슈티프퉁 봐렌테스트'에서는 월드컵 경기가 열리는 구장들을 대상으로 안전 점검을 하였는데, 그 결과가 도마에 올라 시끌벅적한 적이 있다. 월드컵 구장들의 안전 점검 결과가 거의 낙제점에 가까워 각 방송사마다 이 내용을 기사로 다루면서 독일이 들썩거리기 시작했다. 그것은 월드컵 구장 시설물의 내구성에 관한 안전도가 아니라, 만에 하나라도 월드컵 구장에서 화재가 발생할 경우 얼마나 안전하냐는 것이었다. 많은 사람들이 한꺼번에 대피해야 할 경우 대부분의 사람들이 구장 내부로 몰리게 되는데, 탈출구도 좁고 안전망이 제대로 되어 있지 않다는 것이다. 온 매체가 '슈티프퉁 봐렌테스트'의 결과를 가지고 연일 떠들썩하며, 월드컵 관계자들도 이번 결과를 진지하게 받아들여 월드컵 구장을 찾는 사람들의 안전을 위해 다시 한 번 철저한 조사를 하겠다는 의사를 표명했다.

그런데 이런 안전주의보에 대하여 진지한 태도를 보이는 월드컵 관계자들이나 언론을 대하는 시민들의 반응은 실제로는 그다지 진지해 보이는 것 같지 않았다. '안전'이라면 자다가도 벌떡 일어설 것 같은 사람들이 이번만큼은 어쩐지 자신들이 느끼기에도 너무 호들갑스럽다고 생각하는 것 같기도 하고, 월드컵을 앞두고 너무 부정적인 시각을 보이게 될까봐 염려하는 것 같기도 하다.

이러쿵저러쿵 해도 독일 사람들의 안전 의식에 대한 철저함은 누가 봐도 가히 세계적이다. 별것 아닌 것처럼 보이는 소소한 생활 용품 하나에서부터 늘 가장 우선시되는 것이 안전성이다. 더군다나 아이를 키우는 집안이라면 이런 안전 장치는 필수품이다. 독일에서 아이를 키우는 동안 우리 집에 있던 모든 가구의 모서리에는 플라스틱이나 고무로 된 모서리용 안전 장치가 붙어 있었다. 크기나 모양이 다양해서 어떤 가구의 모서리에라도 부착할 수 있도록 다양한 것들이 마련되어 있었다. 뿐만 아니라 전기 콘센트에는 덧덮개가 붙어 있어서 아이들이 뾰족한 물건이나 손가락으로 마치 돼지 코처럼 보이는 이 재미나게 생긴 전기 구멍을 찔러보는 장

2006년 월드컵 기념 엽서. 월드컵 개최를 앞두고 '슈티프퉁 바렌테스트'에서는 월드컵 경기가 열리는 구장들을 대상으로 안전 점검을 하였는데, 그 결과가 도마에 올라 시끌벅적한 적이 있다. 월드컵 구장 시설물의 내구성에 관한 안전도가 아니라, 만에 하나라도 월드컵 구장에서 화재가 발생할 경우 얼마나 안전하냐는 것 때문이었다.

난을 하더라도 차단되는 기능을 하고 있다. 이 덧덮개는 한눈에 보기에는 구멍 자체가 차단된 것처럼 보이지만, 어른이 덧덮개의 구멍에 플러그를 맞추고 30도 정도를 돌려야 원래의 구멍과 맞도록 되어 있고 플러그를 빼는 순간 용수철이 튕기듯이 덧덮개가 원래의 위치로 돌아가면서 동시에 콘센트의 구멍이 차단되도록 설계된 것이다.

그러니 어린아이들의 장난감은 말할 것도 없을 뿐더러 학생들의 등교

길, 자전거를 타거나 자동차를 운전할 때에도 모두 안전을 위한 장치들이 철저히 준비된다. 우선 걸어다니는 아이들은 책가방에는 물론 신발이나 겉옷 등에도 야광 물질을 발라서 어둠 속에서도 금방 식별될 수 있도록 한다. 이도 모자라서 유치원이나 초등학교 아이들은 목 주위로 마치 안전 표시판같이 생긴 삼각띠를 두르고 다닌다.

자전거를 탈 때 헬멧은 물론이고, 어린아이들의 경우는 무릎 등 관절 보호대도 필수로 착용한다. 어른이 아이와 함께 타게 되는 경우, 뒤쪽이나 앞쪽에 반드시 아이를 안전하게 앉힐 수 있는 '킨더짓쯔'라는 어린이용 안전 의자를 이용하도록 되어 있다. 뒤에서 달랑 어른 허리를 잡고 앉는다든가 바구니 따위에 앉히는 일은 있을 수 없다. 독일은 이미 1900년대부터 자동차가 아닌 자전거 운행 규칙을 법문화하여 만들어놓았는데, 자전거용 전조등은 일몰 30분 후부터 일출 30분 전까지 반드시 켜도록 되어 있다. 뿐만 아니라 타인의 안전을 위하여 경적을 울릴 수 있는 밝은 색깔의 찌르릉 벨이나 고무 나발 등을 달아야만 한다. 어두워졌을 때 헤드라이트를 켜지 않거나 술을 마시고 자전거를 타는 경우 경찰의 제지를 받는다. 모두 벌금형이다. 자전거가 모퉁이를 돌 때는 손을 펴서 마치 자동차가 깜빡이를 켜고 방향을 알리듯이 자신이 좌회전 또는 우회전을 할 것이라는 의사 표시도 한다. 어린아이들의 자전거일 경우는 자전거 뒤에 긴 깃대를 꽂아 꼬마 자전거가 운행 중이라는 표시가 눈에 금방 띄도록 해야 한다. 그뿐만이 아니다. 자전거 바퀴살에도 빛에 반응하는 번쩍이는 플라스틱 조각들을 부착하고, 손으로 작동하는 브레이크와 페달의 이중 브레이크 장치를 사용한다. 자전거 운행 법규에 의하면 자전거 운행 수칙을 심각하게 위반하는 경우 최고 60마르크의 벌금이나 14일의 구금을 할 수 있다는 조항도 있다.

산책로에도 보행자만을 위한 길인지 보행자와 자전거가 동시에 통행이 가능한 길인지 등등에 대한 표시가 확실히 되어 있는 것은 물론이며, 이러한 규칙들은 철저히 지켜진다. 간혹 산책길에는 오직 보행자만이 통행 가능하다는 표시가 되어 있는 구간이 있다. 이 구간은 자전거를 타던 사람들도 자전거에서 내려 자전거를 끌면서 가야 한다. 내 눈에는 자전거에서 굳이 내리지 않아도 될 것 같고 짧은 구간인 경우 그냥 모르는 척 휙 지나가버리면 될 것 같은데도 오로지 '보행자만이 통행 가능함'이라는 표시를 보는 순간 사람들은 자전거에서 내려 자전거를 끌고 그 구간을 지나간다. 그냥 자전거를 탄 채 지나가는 사람이 한 사람도 없는 것은 아니지만, 만약 그런 사람이 있다면, 뒤에서 한 치의 여유도 두지 않고 들려오는 힐책의 고함 소리를 감수해야 한다.

자전거 이야기를 조금 더 해보자. 독일에서는 웬만한 거리에는 자전거를 위한 도로 표시가 따로 되어 있다. 보행자들과 함께 도로를 사용하는 경우는 보행자와 자전거가 도로를 공유하는 거리인지, 보행자와 자전거 도로가 분리된 곳인지 등도 표시를 통해 제시된다. 보행자 표시와 자전거 표시가 둥근 표지판 안에서 가로선으로 구분되어 있으면, 도로가 공유되는 곳이고, 세로 선으로 구분되어 있으면, 자전거와 보행자를 위한 도로가 분리되어 있음을 의미한다. 흔히 자동차가 다니는 길 옆에 자전거를 위한 길이 평행하게 만들어져 있는 경우는 자동차를 위한 신호등뿐만 아니라 자전거 전용 신호등이 따로 되어 있고, 자전거 통행자들은 이 신호를 반드

워낙 자전거가 일반 교통 수단으로 사랑받다 보니, 자전거 도난 사건도 심심치 않게 발생한다. 자전거 도난을 방지하기 위해서 경찰들이 자전거에 인식표를 붙여주고 있는 광경이다.

시 지키도록 되어 있다. 자동차만 주차 위반 딱지를 떼는 것이 아니다. 자전거를 위한 주차 표시가 없는 곳에서 길거리에 아무렇게나 세워놓은 자전거는 경찰이 불법 주차된 차를 견인하듯 끌어간다.

독일 사람들의 안전 의식은 정말 우리의 상식을 훨씬 뛰어넘는다는 것을 알 수 있는데, 예를 들어 자동차 운행에서도 그렇다. 어두워진 후 도심에는 가로등이 있어서 자동차를 도심에 주차 또는 잠시 정차하였다가 다시 운행을 하게 되었을 때 깜빡 하고 헤드라이트를 켜는 것을 잊는 경우가 있다. 만일 헤드라이트를 켜지 않고 운행하다 경찰에 걸리면 이 또한 엄청난 벌금형이다. 대개 가로등 아래에 차를 주정차하였다가 다시 운행할 경우에는 가로등의 불빛 때문에 자신이 전조등을 켜지 않았다는 사실을 깜빡 잊고 운행하기가 쉽다. 경찰이 전조등을 켜지 않은 차를 세워서 주의와 함께 딱지를 뗄 때, 정말 억울하다고 느껴지지만, 절대 이 억울함이 받아들여지지 않는다. 운전자가 그만큼 주의를 게을리했으므로 변명의 여지가 없다는 것이다.

뿐만 아니다. 한 번은 자동차를 잠시 세워놓은 일이 있었는데, 경찰이 다가와서 자동차 바퀴의 프로필, 그러니까 바퀴의 요철을 검사하더니 딱지를 떼는 것이 아닌가. 무슨 일인고 하니, 바퀴가 이제 웬만큼 달아서 교체해야 할 시기가 지났는데, 바퀴의 안전 점검을 게을리하여 운전자 본인은 물론 다른 사람의 안전을 위협하고 있으므로 딱지감이다. 자동차 바퀴의 프로필이 일정한 깊이, 즉 1.6mm 이상의 요철을 유지해야 하는데, 우리의 낡은 차 바퀴는 그 안전 규정을 그저 약간 넘어서는 정도의 마모도를 보이고 있었으나 역시 벌금형이다. 조금 더 타다가 바퀴를 교체하려고 차

일피일 미루던 일이 결국은 더 큰 비용을 감수하게 만든 격이다. 그뿐이겠는가? 혹시라도 경찰이 자동차를 세워 뒤 트렁크를 열어보게 하였는데, 비상시에 쓸 구급 상자나 안전 표시 삼각대가 없으면 또 바로 벌금형 딱지감이다. 자동차를 타고 주행하다가 고장으로 인해 자동차를 세우고 손으로 신호를 보낸다는 것은 상상할 수 없는 일이다. 반드시 규정 삼각대를 고장난 자동차와 일정 거리를 두고 설치해야 하는 의무가 있다. 수신호를 보낸다는 것은 그렇게 수신호를 보내는 사람이나 도로를 주행하고 있는 다른 사람들 모두에게 엄청나게 위험한 일이다. 때문에 안전 거리 유지는 그 어느 것에 앞서서 요구되는 안전 수칙이다.

안전 벨트는 자동차에 올라타는 순간 시동을 걸기 위해 차 키를 꽂는 것만큼이나 거의 자동적으로 이루어지는 행동이고, 아이들을 태우는 경우 유아용 안전 의자를 비롯해 반드시 안전 장치를 장착하고 태우도록 되어 있다. 법적으로 12세까지나 키 150cm 몸무게 36kg까지는 별도의 안전 장치를 통해 운행의 안전을 도모한다. 또한 1년 6개월 미만의 유아나 몸무게 13kg이 안 되는 어린이는 유아용 안전 의자를 자동차 진행 방향과 반대 방향으로 설치하여 앉히도록 권고하고 있다. 어린아이가 혼자 앞좌석에 앉는 경우는 찾아볼 수도 없고, 설령 부모 중에 한 사람이 아이를 안고 있다고 해도 다른 안전 장치 없이 그런 상태로는 앞좌석에 앉지 않는다.

도로상에서도 운전자와 비운전자 쌍방 간의 안전이 최우선이다. 고속도로 등에서 우리는 흔히 안전 속도를 생각하지만, 사실 독일에서 더 중요하게 생각하는 것은 안전 거리의 유지이다. 독일 고속 도로 구간 중에는 속도 제한이 없는 곳이 있다. 이런 곳에서 성능 좋은 차들은 시속 200킬로 이상의 속도로 마치 비행기 활주로에서나 들을 법한 굉음을 내며 달린다. 고속 도로 상에서 속도 제한을 하는 경우는 주거 지역 근처이고, 안전을 위해서라기보다는 일차적으로 많은 연료 소비에서 오는 공기 오염을 줄이기 위함이다. 고속 도로 운행 수칙에 '주먹구구' 안전 수칙이 있는데 이를 '파우스트 레겔'이라고 한다. 괴테의 동명同名 드라마의 주인공으로 더 알려진 '파우스트'는 일반 명사로는 '주먹'을 의미한다. '레겔'은 규칙을 의미하니, 직역하면 '주먹 규칙'인데, 주먹구구식 계산법을 말한다.

이는 고속 도로를 운행할 때처럼 앞 차와의 안전 거리를 유지해야 할 때, 안전 거리를 쉽게 파악하도록 도와주는 계산법이다. 즉, 마음속으로 '하나, 둘, 셋, 넷'을 천천히 말해보라고 한다. 이렇게 넷을 셀 정도의 시간이 소요되는 거리가 앞 차와의 안전 거리라는 것이다. 그러니까 앞 차가 방금 통과한 어떤 지점을 보고, 그 곳까지 가는데 내가 마음속으로 하나에서 넷까지를 셀 정도의 시간이 소요된다면 안전 거리가 유지된 것이다. 안전 거리가 충분히 유지되면, 앞에서 어떤 일이 벌어져도 제어할 수 있는 충분한 시간을 벌 수 있는 것이다.

자동차 운행에서 안전 수칙은 비단 고속 도로 상에서만 빛을 발하는 것이 아니다. 주택가에서 요구되는 30킬로 속도 제한이나 정지선 지키기 등은 말할 것도 없다. 굳이 보행자 건널목 표시가 아니더라도 보행자 우선의 원칙을 지키니 보행자 건널목 표시에서는 마치 자석이 땅 밑에서 잡아당기기라도 하듯이 어김없이 정지한다. 대로변에서 조금 안으로 들어온 길이라면, 굳이 보행자 건널목 표시가 없는 길일지라도 잠시 머뭇거리기만 해도 너무 확실히 잘 멈춰주는 차들 때문에, 여기에 익숙하지 않은 우

정지선은 말할 것도 없고 건널목 표시에서는 마치 자석이 땅 밑에서 잡아당기기라도 하듯이 어김없이 정지하는 독일의 자동차들.

리 나라 사람들은 오히려 당황하는 경우가 종종 있다. 아무도 통행하지 않는 한적한 거리에서 보행자 신호등이 파란 불로 바뀌었을 경우, 자동차 신호가 파란 불이 될 때까지 철저히 기다리는 독일인의 꽉 막힌 원칙 고수와 적당히 전후좌우 봐가면서 운행하는 우리 나라 사람들의 융통성에 대한 비유는 심심치 않게 회자되는 이야기다.

　이렇게 안전에 대한 의식이 철저하다 보니, 만에 하나라도 어떤 안전사고가 발생할 경우에 대비해 그 책임 소재를 통한 법적 대응 또한 철저하게 마련되어 있다. 독일 곳곳에는 우리의 눈에는 조금은 별나게 보이는 알림 표지판들이 종종 눈에 띄는데, 그 한 예가 바로 내가 공부하던 대학 건물 주변에서 많이 볼 수 있는 것이었다. 건물 전체가 하나의 예술품이다 보니, 대학 건물 곳곳에 예술성을 살려서 만들어진 울퉁불퉁한 길들이 있었다. 그런데 그런 길 옆에는 어김없이 "이 길은 고르지 않은 평면으로 되어 있습니다. 이 길을 다니다 발생하게 되는 사고에 대하여는 본인이 책임을 져야 합니다."라는 요지의 글이 담긴 표지판이 서 있다. 울퉁불퉁한 길을 가다가 사고를 당하더라도 그 책임은 대학 당국이나 시가 아니라 바로 보행자 자신에게 있다는 것을 미리 알려주고 있는 것이다. 비단 그런 특별한 대학 건물뿐 아니라, 독일 곳곳 어디서나 조금만 주위를 기울여 살펴보면 이런 종류의 표지판들을 심심치 않게 볼 수 있다.

　어디서나 느낄 수 있는 독일인들의 철저함 때문에 삶이 어딘지 통제당하는 것 같고 불편할 것 같아도 오히려 그 반대이다. 빈틈없이 갖추어진 원칙에 충실하다보면 처음에는 좀 답답하다는 생각을 할 수도 있지만 그 원칙만 잘 따른다면 그 안에서 생활하는 것이 얼마나 안전하고 편안한 것인가를 금방 알 수 있다. 원칙을 따르는 삶이 편리함으로 오게 되기까지는 사회 구성원 모두가 공동체의 일원으로 원칙을 철저히 따르는, 거의 무의식적인 실천을 통해서만이 가능하리라.

황당한 물 값 이야기

독일을 여행하려면 우선 물에 대한 상식을 좀 갖고 가는 편이 좋다. 그런데 여기서 말하는 물은 단지 마시는 물뿐 아니라 화장실에서 사용하는 물도 포함한다. 우선 마시는 물에 대하여 이야기하자면, 돈을 내야 한다는 것이다. 우리는 음식점에서 물을 따로 주문한 후 돈을 지불하는 경우를 찾아보기 힘들지만, 독일의 물 값은 만만치 않다. 음식점에서 음료를 주문하려고 보면 물도 버젓이 차림표 상단에 제 이름을 걸고 있는데, 이 값이 보통 맥주 값과 맞먹는 수준이다.

음식점에서 주문할 때도 그렇고 마실 물을 살 때도 마찬가지인데 마시는 물은 크게 두 가지이다. 하나는 탄산수처럼 톡톡 쏘는 맛이 첨가된 물과 그냥 밍밍한 물이다. 탄산 성분이 들어 있는 물은 설탕 맛이 빠진 사이다라고 보면 썩 근사한 비유이다. 톡톡 쏘는 청량 음료에 맛이 길들여진 한국 사람들은 이 탄산수를 그냥 생수려니 하고 잘못해서 사오게 되면 첫 한 모금에 매우 실망하게 된다. 아무 단맛도 신맛도 없는 밍밍한 물이 톡톡 쏘아대기만 하니까. 그것도 엄청 강력하게. 물론 톡 쏘는 맛이 중간 정도인 것도 있기는 하다. 귀한 약수 맛이라고나 할까. 그런데 또 이 맛에 길들여지면 그냥 밍밍한 물은 너무 심심한 것 같기도 해서 열심히 이 물만 찾아 마시게 된다. 실제로 탄산수 중에는 하일봐써 Heilwasser라는 약수로 분리되는 것들이 있어 다른 물과는 가격 차이가 꽤 난다.

어쨌거나 독일 음식점에서 우리 나라에서처럼 웨이터가 노냥 빈 물잔 봐가면서 공짜로 물을 채워주려니 생각하면 실망만 돌아올 뿐만 아니라, 별생각 없이 "물 한 잔 주세요" 했다가는 계산서의 금액을 보고 기절하게 될지도 모르니까 물에 관한 한 긴장을 늦추지 않는 것이 좋다.

그것뿐만이 아니다. 대부분의 물은 판트 Pfand라고 하는 보증금 명목으로 용기 값을 먼저 내고 사야 한다. 혹시라도 매장 선반에 50센트라고 적혀 있는 걸 보고 샀는데 그보다 많이 내라고 한다면, 틀림없이 보증금을 포함하여 이야기한 걸로 이해하면 된다. 외국인이라고 슬쩍 돈을 더 계산하나보다라고 얼핏 생각하고 흥분하게 되는데, 독일에서는 그런 경우는 거의 없다. 어떤 매장이든 보증금을 요구하는 경우는 물 값 옆에 보증금을 반드시 명기하지만 물 값보다는 작은 글씨로 적혀 있고 또 따로 표시되어 있어서 자칫 염두에 두지 않는 경우가 빈번하다.

이 보증금은 물론 빈 용기를 다시 돌려주었을 때 돌려받을 수 있는 금액이다. 몇 푼 안 되는 금액인 것 같아도 독일 사람들은 사는 사람도 파는 사람도 반드시 이 용기 값을 챙긴다. 그나마 물을 담는 용기가 플라스틱 병이면 이 보증금도 얼마 안 되지만 유리로 된 병이거나 한 박스의 개념으로 여섯 병 또는 열 두 병들이 플라스틱 상자째로 사게 되면 물 값보다 이 보증금이 더 비싸다. 독일 사람들은 대부분 칸칸이 나뉘어진 열 두 개들이 견고한 플라스틱으로 된 상자째 물을 사는 경우가 많은데, 이때 물 값과 물을 담은 병이 상자 값과 함께 따로 계산된다. 그리고 통상 이 병들과 상자 값의 합이 물 값보다 비싸다. 집에서 물을 다 마시고 빈 병들을 다시 이 박스에 넣어서 가져다주면 물을 살 때 지불했던 병 값과 상자 값을 고스란히 돌려받는다. 빈 병 수거와 재활용이 자연스러운 과정으로 서로의 협력하에 체계적으로 잘 이루어지고 있다.

어쨌거나 독일 음식점에서 식사를 하게 되는 경우 물을 공짜로 먹을 거라는 기대를 하지 말라는 것이다. 물을 공짜로 먹는 방법은 수도 꼭지에서 흘러나오는 물을 마시면 된다. 수돗물을 마시지 않는 것은 오염을 염려해서가 아니라 다량의 석회질 성분 때문이다. 불순물이 섞여 있을 거라는 걱정은 하지 않아도 되는 반면, 석회질이 많이 포함되어 있으므로 이 석회질을 걸러주는 여과 장치를 통과시킨 후 마시는 것이 좋기 때문이다. 우리에게도 정수기로 알려진 '브리타' 라는 여과 장치는 불순물 제거보다는 석회질 제거를 통한 연수 작용을 하는 것이다. 실제로 독일에서 샤워를 하거나 설거지를 한 후 물기가 걷히고 나면 뿌옇게 석회질의 흔적이 남는 것을 볼 수 있다. 독일 사람들이 생수를 사먹는 것은 바로 이 물 속에 포함된 석회질이 몸 속에 축적되는 것을 피하기 위한 것이라고 보면 된다. 독일의 수돗물에 포함된 다량의 석회질은 몸속에 축적될 염려뿐만 아니라 커피 메이커나 포트, 세탁기처럼 물이 사용되는 기계에 석회질을 남기기 때문에, 이를 제거하기 위한 각종 방안도 강구된다.

이런 수돗물 이야기를 하다보니 지난 여름에 경험했던 재미있는 일화가 생각난다. 학회 참가를 위해 베를린에서 머물 때였다. 소니 광장이라는 곳에서 목도 축이고 허기도 채울 겸 한 음식점에 자리를 잡았다. 갈증은 나는데 물 값을 보니 너무 아까운 생각이 들고, 그렇다고 대낮부터 맥주를 마시기도 좀 그렇고, 청량 음료는 값도 비싸고 별로 좋아하지도 않아서 고민 고민하며 메뉴판을 뚫어지게 들여다보는데, 보통 물 값의 절반 정

독일 음식점에서는 웨이터가 노냥 빈 물잔 봐가면서 공짜로 물을 채워주려니 생각하면 실망만 돌아온다. 뿐만 아니라 별생각 없이 "물 한 잔 주세요" 했다가는 계산서의 금액을 보고 기절하게 될지도 모를 정도로 물 값이 비싸다.

도밖에 안 되는 '얼음 물'이라는 메뉴가 눈에 들어왔다. 우리 정서상 맥주 값으로 2유로 정도를 지불하면 별로 아까운 생각이 안 들지만, 맹물 한 잔에 2유로를 내려면 속이 쓰려도 한참 쓰리던 참에 이게 웬 희소식이냐 싶었다. 그 물을 주문하려고 웨이터에게 이 '얼음 물'이 무엇이냐고 물었다. 근데 그의 대답을 듣고 웃어야 할지 울어야 할지, 주문을 해야 할지 말아야 할지 망설여졌다. "수돗물을 받아서 얼음 몇 조각을 띄워주는 것"이라는 웨이터의 설명을 들었기 때문이었다. 우리 일행은 너무 어처구니가 없어서 피식피식 웃음이 나오는데, 정작 설명을 하는 웨이터의 태도가 너무 진지해서 웃지도 못할 판이었다. 아니 수도 꼭지에서 물을 받아다 주면서 얼음 몇 조각 넣고 돈을 받다니. 막상 설명을 듣고 이러지도 저러지도 못하다가 그래도 싼 맛에 그 '얼음 물' 한 잔을 주문했는데, 정말 수돗물을 받아서 얼음 몇 조각 띄운 물 한 컵을 테이블에 공손히 내려놓는 것이었다.

보통 생수를 음료로 주문하면 물 한 잔만 달랑 가져오는 것이 아니라 그 물이 담긴 병과 컵을 함께 내오고 주문한 테이블에서 병 뚜껑을 따고 한 잔 따라주는 것이 일반적이다. 즉 맥주나 여타의 청량 음료를 주문한 경우나 물을 주문한 경우나 테이블에 차려내는 그 의식이 다르지 않은데, 이 '얼음 물' 한 잔은 얼음이 든 물 한 컵을 달랑 들고 와서 내려놓았던 것이다. 내가 그냥 수도꼭지 틀고 마시면 될 물을 굳이 돈을 내면서 사 먹는다는 생각을 하니, 보통 식수의 절반 값으로 물을 사먹는다는 기쁨보다는 공짜로 먹을 수 있는 물을 기어이 돈을 내고 먹는 떨떠름한 기분이 되었다.

그런데 더 기가 막히는 것은 독일에서는 먹는 물만 돈을 내는 것이 아니라 몸 안의 물을 밖으로 내보낼 때도 돈을 내야 한다는 것이다. 독일에서 여행을 하려면 주머니 안에 20센트나 50센트짜리 동전을 꼭 준비하고 다니는 것이 좋다. 화장실 사용료 때문인데, 나중에는 배설하는 물 값 때문에라도 마시는 물의 양을 자꾸 줄이는 버릇마저 생기게 된다. 거의 모든 기차 역에 있는 공공 화장실은 돈을 넣지 않으면 아예 들어가지도 못하게 되어 있는 곳이 많다. 각 문고리마다 돈을 넣도록 된 곳도 있고, 화장실 입구가 마치 서울의 지하철 역을 통과하는 것처럼 돌아가는 쇠 막대 장치가 되어 있는 곳도 있다. 이도 저도 아니면 입구에 사람이 지키고 앉아 입장료를 직접 챙기기도 한다.

역은 그렇다 치고 문제는 백화점이다. 백화점뿐만 아니라 심지어는 맥도날드에서조차도 돈을 챙겨야 일을 볼 수 있다. 흔히 백화점에는 층마다 화장실이 있을 것으로 생각하는데, 독일에서는 대부분 식당이 있는 층에만 화장실이 있다. 보통 식당 뒤편쯤에 화장실이 있는데, 문 앞에는 자그마한 테이블이 마련되어 있고 눈처럼 하얀 테이블 보가 덮여 있다. 그리고는 접시 하나가 테이블에 놓여 있는데, 화장실을 사용하고자 하는 사람은 들어가면서 혹은 볼일을 다 보고 나오면서 이 접시에 20센트나 50센트짜리 동전을 던져 넣는다. '쨍그렁' 하고 동전이 접시에 떨어지는 소리가 나기 무섭게 거의 자동적으로 "당케 쉔 고맙습니다" 하는 목소리를 듣게 된다.

내가 관찰한 바로는 여기에 확정된 금액을 정해놓고 요구하는 경우는 매우 드물다. 단지 화장실이 늘 깨끗하도록 쉴새없이 관리해주는 화장실 관리인에게 감사의 표시를 하는 것으로, 20센트를 내는 경우도 있고 50센트를 내는 경우도 있으며, 10 또는 5센트짜리를 던져놓고 가는 낯 두꺼운 얌체족도 가끔 있다. 굳이 사용료로 얼마를 내라는 문구가 따로 없으면 그냥 내키는 대로 동전을 내는 것 같은데, 가장 많이 눈에 띄는 동전이 바로 20센트짜리와 50센트짜리이다. 대부분의 역이 50센트를 내야 화장실을 사용할 수 있으니, 50센트가 적정 금액인 것 같은데, 아무리 생각해도 좀 과하다는 생각이 든다.

그런데 막상 아무런 확정 금액도 없이 사람이 지키고 앉아 있는 이 테

독일에서는 먹는 물만 돈을 내는 것이 아니라 몸 안의 물을 밖으로 내보낼 때도 돈을 내야 한다. 독일에서 여행을 하려면 주머니 안에 20센트나 50센트짜리 동전을 꼭 준비하고 다니는 것이 좋다. 70센트를 받는 이 곳은 여느 화장실의 이용료보다 다소 높은 편이다.

이블을 지나는 것은 항상 어려운 심리 테스트를 통과하는 기분이다. 50센트는 너무 과하다는 생각이 들고 20센트를 내자니 뒷꼭지가 불편하기 때문이다. 차라리 얼마라고 금액이 확정되어 있으면 좀더 참아보거나 단념하고 지불할 텐데, 영 돈을 지불하지 않아도 될 곳 같은 곳에서 돈을 지불하려니 그것도 이 눈치 저 눈치 봐가면서 그래야 한다는 것이 여간 심기가 불편한 게 아니다. 지금 생각해봐도 굳이 돈을 내야 한다는 그 사실보다도 화장실 사용에 앞서 이렇게 복합적인 심리 테스트를 거쳐야 한다는 사실이 소심한 마음에 상처를 주었던 것 같다. 사실 따지고 보면 수세식 화장실을 사용한다는 것은 엄청난 물을 사용하는 것과 같으니, 어쩌면 화장실 사용료를 내는 것은 너무나 당연한 일인지도 모른다.

환경을 위해 기꺼이 불편을 감수하는 사람들

독일에 도착해 프랑크푸르트 공항을 나서면서 처음 느끼는 것은 아마도 맑은 공기일 것이다. 공항에서부터 느낄 수 있는 이 맑은 공기는 시간이 갈수록 더욱더 진한 현실로 다가오는 걸 감지할 수 있다. 그렇게 맑은 공기와 함께 독일의 전체적인 인상은 정돈이 참 잘 되어 있고 깨끗하다는 것이다. 유럽을 여기저기 여행하고 다니다가 독일에 온 한국 사람들이 유럽 국가들 중에서도 이렇게 맑고 깨끗한 환경은 독일과 스위스뿐이라고 말할 때도 나는 별로 실감이 나지 않았었다. 독일 생활이 익숙해지고도 한참 동안 콘스탄쯔에서만 머물렀기 때문에 더욱 그랬다. 게다가 콘스탄쯔는 어차피 스위스와 국경을 마주하고 있는 도시이니 독일이나 스위스나 별반 그 차이를 모르고 살아오면서, 같은 땅덩어리 안에 있는 유럽의 다른 나라들도 다 그러려니 했었는데, 그런게 아니었다.

그렇게 익숙하던 독일의 유학 생활을 청산하고 한국에서 10년 가까운 시간을 보내고 다시 찾은 독일은 거짓말 하나 안 보태고 그냥 그대로 그렇게 있는 것 같았다. 나의 신체에서 보이는 노화 현상이 독일에서 느끼는 변화만큼 더디게 진행된다면 얼마나 좋을까 하는 정말 엉뚱한 바람을 가져볼 정도니 말이다. 여전히 정돈되고 깨끗한 모습이 옛날 그대로이다. 그 어디 하나 흐트러져 보이는 곳 없고, 어디를 둘러봐도 굴러다니는 휴지 조각 하나 없으며, 집집이 널려 있는 빨래조차도 없고 집 밖으로 아무렇게

나 쌓아놓은 것 같은 잡동사니도 없다. 창틀에 곱게 키운 온갖 꽃들이 맑은 공기와 함께 더욱 빛나는 원색으로 마치 그림 속에서처럼 살아 있다. 사람이 살면서 이렇게도 흐트러짐이 없이 살 수 있는 것일까? 저녁 어스름에 창 밖으로 비치는 불빛이 없었다면, 그냥 만들어진 장난감 마을이라고 해도 믿겨질 것 같은 모습이다. 어둠 속에서 만나는 불빛도 형광등의 차가운 색이 아니라 백열구의 따스하고 포근한 느낌이다. 더구나 천정부터 대형 조명 기구로 집 전체를 환하게 밝히는 경우는 드물어서 거실 한편, 방 한구석에서 새어나옴 직한 스탠드나 여타의 부분 조명들의 불빛은 그래서 더 정겹다.

　이렇게 맑은 공기와 쾌적한 환경을 누리면서 살 수 있는 것은 거저 얼어진 것이 아니라 독일 사람들의 철저한 환경 의식과 환경 보존을 위한 남다른 노력의 결과일 것이다. 그 한 예가 철저한 분리 수거이다. 독일의 이곳저곳을 다니다보면 주택들이 밀집해 있는 주변에 둥그런 구멍이 세 개쯤 뚫려 있는 커다란 컨테이너가 눈에 띈다. 마치 바퀴 없는 탱크처럼 생겼는데, 무슨 전쟁 기념물도 아니고 가까이 가서 보면, 각각의 구멍에는 갈색, 흰색, 초록색이라는 글씨가 씌어 있다. 유리 병들을 색깔별로 집어넣을 수 있도록 되어 있는 것이다. 물론 재활용 병들이 모두 이 곳을 거쳐 가는 것은 아니다. 어떤 것들은 물건을 살 때 이미 녹록치 않은 값을 보증금 형식으로 지불한 것이므로, 이를 다시 매장에 반환하면서 미리 지불한 그 액수만큼 돈으로 돌려받는다. 분리 수거와 재활용이 시스템으로 정착되어 있는 것이다. 이 곳에 버려지는 유리병들은 이런 시스템을 적용시키지 않은 각종 유리병들이다. 물론 거기에는 "소음을 피하기 위해 이른 오

창틀에 곱게 키운 꽃들과 어둠 속에서 만나는 백열구의 따스한 불빛.

거리에서 만나는 갖가지 쓰레기통들. 병 전용 쓰레기통의 투입구에는 갈색, 흰색, 초록색이라는 글씨가 씌어 있어 병 색깔을 구분하여주며, 버리는 시간이 적혀 있다. 아랫줄에 있는 쓰레기통에는 원래는 편지와 같은 우편물 투입구에 씌어 있는 글귀인 '투입구', '난 엄청난 양을 먹을 수 있어요', '24시간 열려 있어요' 등의 유머가 적혀 있다.

전 시간과 늦은 오후 시간 이후에는 병을 던져넣지 말라"는 부탁의 문구도 있다. 각 가정에서는 가져다 버려야 할 어느 정도의 양이 모아지면, 헝겊으로 된 주머니나 바구니 같은 데 담아와서 이 곳에 던져넣는다.

그런데 음식물 쓰레기는 우리의 경우와 좀 다르다. 플라스틱 제품이나 종이, 포장 등은 철저하게 분리하지만, 음식물 쓰레기는 의외로 일반 쓰레기와 함께 버리도록 되어 있는 곳도 많다. 단독 주택의 주거 형태를 갖는 가정에는 거의 예외 없이 '콤포스트'라는 것을 정원 한 곳에 마련해두고, 음식물 쓰레기를 이곳에 버려서, 정원을 가꾸는 데 쓰는 퇴비를 직접 만든다. 문화가 다르고 사는 양식이 다르니, 독일에서 버려지는 음식물 쓰레기는 우리의 것과는 사뭇 다르다. 가장 두드러지는 차이점은 아마도 물기가 거의 없다는 것일 게다. 독일 사람들이 즐겨 먹는 음식 중에 국물을 위주로 만드는 음식이 거의 없으니 — 물론 스프 종류가 있기는 하지만, 우리의 국이나 찌개와 비교할 수는 없다 — 음식물 쓰레기라고 해도 축축한 정도지 물이 줄줄 흐르는 경우는 드물다. 그리고 음식물 쓰레기에 함께 버려질 수 있는 것이 있는데, 바로 종이류이다. 그러니까 음식물을 버릴 때 신문지 등에 싸서 버리거나 냅킨이나 휴지 같은 것은 함께 버려도 괜찮다. 아마 퇴비를 만드는 과정에서 종이는 함께 썩을 수 있는 것이라서 가능한 것 같다. 그렇지만 무엇보다도 배출되는 음식물 쓰레기의 양이 그다지 많은 것 같지 않다.

독일의 대학생들은 대개 아주 짠돌이 짠순이 들인데, 간혹 학생 식당인 '멘자 Mensa'에서 식사를 하다보면, 식판에 남은 소스를 빵 조각으로 싹싹 긁어서 찍어먹는 학생들이 눈에 띈다. 마치 불가에서 설거지가 필요 없을 정도로 음식을 먹는 것과 비슷하다. 여하튼 집이나 주거 공동체에서 마련해놓은 콤포스트가 따로 없는 경우 음식물 쓰레기는 일반 쓰레기와 함께 배출되는 경우도 많다는 것을 제외하면, 모든 쓰레기들이 거의 완벽에 가까울 만큼 분리되어 배출된다.

  여기에는 배출되는 종류에 대한 분리도 있지만, 배출하는 상태도 상당히 깨끗한 편이다. 내가 공부하는 동안 알고 지내던 독일인 자매는 독일 사람들 중에서도 더 독일 사람들처럼 보이는 사람들이었는데, 언니보다 동생이 훨씬 더 철저한 면이 있었다. 하루는 그들과 함께 커피를 마시면서 이야기를 나눌 기회가 있었다. 많은 이야기를 나누는 중에 동생이 일어서서 개수대에서 무엇인가를 씻는 것이 보였는데, 식기 같지는 않고 좀 이상해 보여서 무엇을 하느냐고 물었다. 그릇을 씻고 난 비눗물에서 무엇인지 조그마한 조각 같은 것을 꺼내어 솔로 앞면 뒷면을 닦아서 펼쳐놓는 것이었다. 나는 그게 무엇인지 궁금해지지 않을 수 없었는데, 알고 보니 바로 하나씩 먹을 수 있도록 포장된 버터의 포장지를 씻고 있는 것이었다. 나는 순간 그 동생이 이 버터 포장지를 이용해서 무슨 만들기 재료나 그런 어떤 목적으로 쓰려나보다 하며 지나가는 말로 무엇에 쓰려고 그것을 씻느냐고 물었는데, 그 동생의 대답은 나를 경악하게 했다. 그렇게 씻은 다음 하나씩 하나씩 펴서 말려 차곡차곡 모아서 버린다는 것이었다. 버터 포장지는 일반 종이와는 달리 은박으로 되어 있기 때문에 분리 수거에 해당하는 것이며, 그렇게 해야 환경 오염을 조금이라도 줄일 수 있다는 것이었다. 나로서는 쉽게 이해가 가지 않는 대답이었다. 그때 당시 그 동생은 스무 살을 갓 넘긴 나이였다. 소위 말하는 배고픈 전후 세대도 아닌

데, 난 그저 입이 다물어지지 않을 뿐이었다.

　독일에서 유학하던 80년대 중후반쯤 내가 다니던 대학교에서 대대적인 학생 운동이 전개되었다. 그때가 아마 독일에서도 환경 운동의 정점을 이루던 때였던 것 같다. 아스타ASTA라고 하는 학생회가 있는데, 독일 어느 대학이건 이 아스타의 활동이 대단했다. 하루는 학생 식당을 향해 걷고 있는데 엄청난 양의 일회용 플라스틱 컵이 쌓여 있는 게 보였다. 아스타에서는 우리가 사용하는 일회용 플라스틱 컵이 하루에 얼마나 많이 배출되는지를 눈으로 확인시켜주기 위해 쓰레기통에 버리지 않고 모두 쌓아올린 것이었다. 지나가면서 보니 정말 굉장한 양이었다. 환경에 유해한 플라스틱 컵의 사용을 줄이기 위해서 학생들이 모두 자기 컵을 들고 다녀야 한다는 일종의 환경 운동을 전개하는 중이었다.

　한 일주일 정도로 기억되는데, 매일 이렇게 산더미처럼 쌓인 플라스틱 컵을 보여주더니, 학교와 시설 협정을 이끌어냈는지, 바로 식당으로 향하는 길목에 수도 꼭지가 설치되는 공사가 시작되고, 얼마 지나지 않아 조그마한 세면대처럼 생긴 시설물이 마련되었다. 나는 처음에는 물을 마실 수 있게 해주는 시설이라고 생각했었는데 그게 아니었다. 그 다음은 커피 자판기에 일회용 컵으로 커피를 뽑을 경우 자기 컵으로 커피를 뽑을 때보다 거의 두 세 배에 가까운 돈을 넣도록 조치가 취해진 것이었다. 그러니까 음료의 버튼을 누르기 전에 자기 컵으로 마실 경우에는 이를 위해 마련된 버튼을 먼저 누르고 컵을 놓아서 저렴하게 커피를 마실 수 있도록 하고, 그렇지 않은 경우는 값비싼 일회용 컵의 비용을 감수하도록 해놓은 장치였던 것이다. 그 세면대의 용도란 그렇게 가지고 다니던 자기 컵을 사용후 바로 씻을 수 있도록 마련된 것이었다.
 한 두 푼에도 벌벌 떠는 독일 대학생들이 이렇게 엄청난 가격 차이를 감수할 리가 없었다. 학생들은 저마다의 컵을 들고 나타나기 시작했고, 일회용 플라스틱 컵의 사용을 획기적으로 줄일 수 있는 효과를 가져왔다. 그것을 보면서 느낄 수 있었던 것은, 환경을 보호하기 위해서라면 누구나 좀 불편해도 기꺼이 감수하고, 다른 한편으로는 발생될 수 있는 불편함을 최소화할 수 있도록 필요한 모든 조치가 강구되고 있다는 사실이었다. 더구나 그 환경 운동의 가장 선봉에 학생회가 있어서 이런 저런 문제를 스스로 느끼고 개선 방안을 마련해나가는 것을 볼 때, 이들이 곧 사회인이 되어 어떤 모습으로 살아갈지 보지 않아도 너무나 잘 알 수 있을 것 같았다.
 이런 기억들을 간직하고 10여 년의 시간이 흐른 뒤에 다니던 대학교를 다시 찾았다. 그 동안 어떤 변화가 있었는지는 잘 모르겠지만, 자판기에서 커피를 뽑으면서 내 컵을 가지고 있지 않다는 사실이 그다지 부담스럽게 느껴지지 않았던 것을 보면 자기 컵으로 커피를 마시는 경우와 일회용 컵으로 마시는 경우의 커피 값이 전처럼 그렇게 크게 차이지지는 않는 것 같았다. 시간이 지나면서 플라스틱 컵의 생산과 처리 비용의 개선이 있었는지, 더 이상은 크게 우려할 만한 환경 유해 요소로서 간주되지 않게 되었는지 어떤지는 몰라도 10여 년 전처럼 현격한 가격 차는 느껴지지 않았다. 아마 다시 독일 땅을 밟으면서, 모든 것이 그 자리에서 하나도 변하지 않은 것 같은 그 첫 느낌의 뒤에 알게 모르게 조금씩 전개되어온 어떤 변화들이 있었나보다.

소리 없이 흔적 없이 즐기는 주말 풍경

　슈배비쉬 할은 두 칸짜리 기차가 지나가는 아주 조그만 마을 도시이다. 슈배비쉬 할-헤쎈탈이라는 제법 많은 기차들의 왕래가 있는 역에서 내려 바로 이 두 칸짜리 기차를 갈아타고 들어가든지, 버스를 이용하여 갈 수 있다. 기차로는 슈배비쉬 할-헤쎈탈에서 불과 6분 정도가 걸리지만, 시내 버스를 이용하면 여러 정류장을 경유하기 때문에 15분 정도의 시간이 걸린다. 이렇게 조그만 마을이 2006년이면 850회 생일을 맞는다.

　슈배비쉬 할은 850번째의 생일에 걸맞게 중세의 모습을 잘 간직하고 있는 아름다운 고도인데, 이 곳에서 그다지 멀리 떨어져 있지 않은 곳에 관광지로 유명한 '로텐부르크 옵 데어 타우버' 라는 도시가 있다. 독일에서 중세의 모습을 가장 잘 간직하고 있는 곳으로 유명한 로텐부르크가 관광객들로 발길이 끊이지 않는 '관광 도시' 라면, 슈배비쉬 할은 중세 도시의 모습을 고스란히 간직하고 있으면서도 그 안에서 사람들의 자연스런 삶의 일상을 느껴볼 수 있는 곳이다. 한 시간이면 시내 전체를 다 둘러볼 만큼 작은 도시이지만, 여기에는 이 도시의 규모에 비해 고개가 갸우뚱거려질 만큼 독일에서 제일 큰 주택 은행이 있다. 때문에 이 도시의 이름은 이 주택 은행의 광고에 힘입어 사람들의 기억에 꽤 확고하게 자리잡고 있는 편이다. 한국 사람들에게는 독일 전체 16개의 도시에 있는 독일 문화원 중에 하나가 소재하고 있어서 더 잘 알려져 있고, 이 곳을 거쳐 간 사람도 꽤 있다. 40년의 전통을 가지고 있는 이 독일 문화원이 그 동안 수십 개 국에서 온 외국인 학생들에게 독일어를 배울 수 있는 기회를 제공해왔던 곳이기 때문에 다른 어떤 곳보다도 독일 사람들과 외국인들이 서로를 배려하면서 잘 어우러진 생활을 할 수 있는 도시이기도 하다. 독일에서 가장 큰 주택 은행이 있어서 일자리를 제공하기 때문인지는 몰라도 도시의 규모에 비해 상당히 생활 수준이 높으며, 또 범죄율도 거의 제로에 가깝다고 한다. 각국에서 독일어를 배우러 온 외국 학생들이 슈배비쉬 할의 중요한 재정 요인이 되기도 하기 때문이리라.

우리가 도착한 날이 금요일 저녁이었는데, 독일의 겨울 날씨가 늘 그렇듯이 거리는 짙은 어둠과 함께 안개가 덮여 있었고 오가는 사람은 거의 찾아보기 어려웠다. 금요일 저녁의 흥청거림은 어디에도 흔적조차 없었다. 그런데 저녁 식사를 하기 위해 찾아들어간 식당에는 사람들로 가득했다. 거리의 사람들을 모두 쓸어 담아 이 식당에 앉혀놓은 것이 아닐까 하는 착각이 들 만큼 거리는 고요하고 식당 안에는 많은 사람들이 모여 있었다. 비단 우리가 들른 식당뿐만 아니라 어둠에 익숙해진 눈으로 거리를 지나며 불이 켜진 창문 안을 들여다보니 창문 안쪽에는 많은 사람들이 모여 앉아 먹거나 마시면서 즐거운 시간을 보내고 있었다. 독일의 간판들은 온갖 네온사인으로 번쩍이며 휘황 찬란하게 온 밤을 밝히지 않는다. 사실 잘 알지 못하면 어디에 무엇이 있는지조차 잘 알 수 없을 정도다. 물론 대도시의 중심가에서는 그런 번화함과 화려함도 맛볼 수는 있지만, 독일은 대체적으로 소리 없이 또 별 흔적 없이 먹고 마시며 즐기는 문화다.

다음날인 토요일, 어제 저녁의 고즈넉함과는 달리 이른 아침부터 거리

슈배비쉬 할은 중세 도시의 모습을 고스란히 간직하고 있으면서도 그 안에서 사람들의 자연스런 삶의 일상을 느껴볼 수 있는 곳이다.

독일의 도시들에서는 대부분 일주일에 두 번 우리 나라의 알뜰장 같은 장이 선다. 대개는 수요일과 토요일에 서는데, 이때가 되면 일정한 장소에 가판대를 설치하고 농부들이 손수 가꾸고 기른 야채나 꽃, 과일, 달걀, 집에서 만든 소시지나 치즈 등을 가지고 나와서 직접 판매한다.

에는 제법 많은 사람들이 오가는 모습이 보였다. 그런데 사람들의 손에는 모두가 예외 없이 바구니나 '아인카우프스튀테'라고 하는 장보기용 천가방이 들려 있었다. 그러고 보니 시청 앞 광장에 장이 서는 날인가보다. 독일의 도시들에서는 대부분 일주일에 두 번 우리 나라의 알뜰장 같은 장이 선다. 대개는 수요일과 토요일에 서는데, 이때가 되면 일정한 장소에 가판대를 설치하고 농부들이 손수 가꾸고 기른 야채나 꽃, 과일, 달걀, 집에서 만든 소시지나 치즈 등을 가지고 나와서 직접 판매한다. 그래서 이런 시장을 농부 장터라는 이름의 '바우어른마르크트 Bauernmarkt'라고도 하고, 일주일에 특정일을 정하여 장이 서기 때문에 주일장이라는 의미의 '보켄마르크트 Wochenmarkt'라고 불리기도 한다. 그리 크지 않은 광장이지만 장터가 형성되자 제법 활기가 넘친다.

조그마한 도시에서 다소 북적거리는 것 같던 분위기도 열 두 시를 넘기자 갑자기 마술사가 온 동네 사람들을 사라지게라도 한 것처럼 한순간에 도심이 한산해진다. 펼쳐졌던 장터도 어느새 거두어졌다. 사람들은 다들 어디서 무엇을 할까? 그나마 다행인 것은 '한델스호프 Handelshof'라는 일종의 대형 마트가 토요일임에도 불구하고 밤 8시까지 열려 있다. 때문에 토요일 아침의 게으름으로 장터를 놓친 사람이라도 굶을 걱정은 안 해도 된다. 이 글을 읽는 사람들은 '뭐 하루 장 안 보았다고 굶어 죽겠는가'라고 말할지 모르지만, 내가 공부할 당시에는 그야말로 장을 보는 것은 거의 굶느냐 마느냐와 맞먹을 정도로 온 신경을 곤두세워야 하는 일이었다.

당시에는 '가게 문을 닫는 시간', 즉 법적 영업 시간 규정이 있었는데, 오랫동안 상점 문을 열고 영업을 하고 싶어도 법으로 정해진 시간을 넘어서 영업을 하는 것은 불법이었기 때문에, 평일 오후 여섯 시 반이면 식료품을 살 수 있는 곳이 없었다. 부지런한 사람들은 조금이라도 더 오래 상점을 열고 한푼이라도 더 벌고 싶다는 생각을 할 수도 있다. 하지만 그런 이유로 영업 시간을 자율화하면 결과적으로 휴식을 위하여 마련된 시간이 노동으로 얼룩지는 피해를 가져올 수 있기 때문에, 이를 근본적으로 방지하기 위한 법적 영업 시간 규정의 제재를 받고 있었다.

그런 독일이 언제부터인가 이 영업 시간을 대폭 연장하여 밤 여덟 시까지 장이 열려 있다. 게다가 토요일마저도 밤 여덟 시까지 장이 열린다. 영업 시간이 길어지기까지 어떤 설왕설래가 있었는지는 몰라도 그 과정에 해당하는 시간을 한국에서 보내고 다시 찾은 독일은 갑자기 천국이 된 느낌이었다. 뿐만 아니라 설령 여덟 시가 지나도 주유소에 가면 편의점이 있어 간단한 물품들은 24시간 살 수 있는 곳도 있다. 어떻게 이런 변화가 가능하게 되었는지, 팔을 꼬집으면서 "이게 정말이야"라고 묻고 싶을 만큼 나에게는 하나의 미스터리에 가까운 사실이다.

독일 생활에 익숙하지 않은 사람들에게는 토요일 오후부터 일요일이 다 지날 때까지 그야말로 심심해서 꽈배기처럼 몸이 꼬일 정도로 지루하기 짝이 없다. 오전까지만 해도 북적이던 시내가 한순간에 고요한 정적의 도시로 변하고 나면, 딱히 만날 사람, 갈 곳 없는 사람들은 이런 무료함에 익숙하지 않을 경우 심심함의 정점을 맛보는 것이다. 때문에 고즈넉한 토요일 오후나 일요일에도 사람이 보고 싶으면 산책을 권하고 싶다. 산책길이나 공원에선 어디든지 혼자나 둘, 혹은 아이들이나 개를 데리고 산책을 즐기는 사람들을 어렵지 않게 만날 수 있다. 자전거를 타는 사람들도 있

고즈넉한 토요일 오후나 일요일에도 사람이 보고 싶으면 산책을 권하고 싶다.

고, 건강을 위해 조깅을 하는 사람들도 있다. 날씨가 따뜻하고 해가 나는 날이면, 풀밭에 누워서 책을 읽고 있는 풍경도 꽤 낯익은 모습이다. 일요일 오전이 지루하면 늦게까지 늦잠을 자보거나 아니면 부지런한 걸음으로 교회를 가보라고 권하고 싶다. 어차피 쇼핑 같은 것은 할 수도 없으니, 일요일은 일요일답게 포기하고 계획을 세워보는 것이 좋다.

일요일 아침에는 여덟 시가 되면 어김없이 교회의 종소리를 들을 수 있다. 아침에 창에 기대 서서 밖을 바라보면 아름답게 늙어가는 중년의 부부가 성경을 들고 교회로 향하는 모습들이 심심치 않게 눈에 띈다. 우리의 상상 이상으로 독일에는 부부가 함께 다니는 경우가 많다. 간혹 나이든 아내 옆에서 핸드백을 들어주고 있는 노신사들을 어렵지 않게 보게 되는데, 독일 사람들이 여자들에게 보이는 일종의 '신사도'는 자연스럽게 몸에 밴 그들의 생활 습관에서 우러난 것임을 금방 알 수 있다. 중년의 남자들은 특히 '여자들에게 참 극진하게 한다'는 인상을 준다.

젊은이들이 실컷 늦잠을 자고 정오 무렵부터 꾸물럭거리며 오후 시간이 될 즈음이면 일요일은 또 다른 색채를 띤다. 본격적인 산책 인파를 만날 수 있다. 인파라 그래봐야 다소 많은 사람들이라고 말하는 것이 옳을 것이다. 어깨가 부딪히고 비껴 가야 하는 정도의 인파를 한꺼번에 만나기란 그리 쉬운 일이 아니다. 일요일 오후는 산책으로 활기를 찾는다고까지 말할 수 있다.

독일의 중년 여성들은 특히 일요일의 매무새를 위해서 가장 신경을 쓰고 멋을 낸다고도 할 수 있다. 교회에 가는 차림이 그렇고, 산책을 나서는 차림이 그렇다. 한 시간여 동안의 산책을 마치고 커피나 차를 마시는 시간을 가진다. 산책을 하면서 신선한 공기를 맘껏 마시고 난 후, 약간의 피로감과 함께 자신의 취향대로 커피나 차를 준비하고 달콤한 케이크와 함께 즐기는 시간은 일요일의 백미라고도 할 수 있다. 때문에 일요일에는 반 나절이라도 문을 여는 케이크 가게가 어느 도시든 한 군데 정도는 있다. 물론 그 지역의 영업 시간 규정에 따라 다를 테지만 말이다.

3부
원칙이 중시되는 독일인의 일상

진한 커피 향으로 시작하는 독일의 아침

독일의 아침은 유난히 어둡다. 아니 늘 그런 것이 아니라, 겨울의 아침이 그렇다. 독일은 우리 나라보다 위도상 더 높다. 38도선을 경계로 우리 나라의 남한과 북한이 나뉘었는데, 독일의 제일 남쪽이 위도 42도니까 아마도 만주 정도의 위도가 될 것 같다. 우리는 북쪽이라면 고지대가 많고 무조건 더 추울 것으로 생각하는데, 독일의 경우는 꼭 그런 것도 아니다. 독일의 높은 산들은 모두 남쪽에 있다. 남쪽의 산들은 알프스의 북쪽 끝 언저리에 닿아 있다고 보는 것이 맞을 것이다. 북쪽은 오히려 해안에 접해 있는데, 우리가 지리 시간에 익히 배웠듯이 부동항, 즉 겨울에도 얼지 않는 항구들이 있다.

위도가 높다는 것은 여름에는 우리보다 낮의 길이가 길고 겨울에는 밤이 길다는 것이다. 여름은 스칸디나비아 반도의 국가들처럼 백야를 밤 열두 시까지 볼 수 있는 건 아니라 해도 밤 열 시, 열 한 시도 우리의 여름 밤과는 사뭇 다르다. 여름은 긴긴 하루 해를 쾌적한 햇살과 그늘만 들어서면 느낄 수 있는 서늘함으로 풍요롭게 만끽하며 지낼 수 있다. 문제는 겨울이다. 여름과 반대로 어둠 속에서 스멀스멀 아침이 시작하고 오후 네 시만 간신히 넘겨도 짙은 밤이 내려앉기 시작한다. 날씨가 굳이 혹독하게 추운 것이라고는 절대 말할 수 없지만, 우리 나라의 쨍하고 건조한, 그래서 코끝이 찡하게 시려오는 그런 겨울이 아니라, 말 그대로 바지 가랑이

독일의 아침은 유난히 이르다. 평온한 가운데 어제 하루의 일과를 마감하고 깊은 잠에서 빠져나와 다시 시작되는 그런 이른 아침이다. 그래서 밤은 밤답고 아침은 아침답다.

독일은 우리 나라보다 위도상 더 높다. 독일의 제일 남쪽이 위도 42도니까 아마도 만주 정도의 위도가 될 것 같다. 우리는 북쪽이라면 고지대가 많고 무조건 더 추울 것으로 생각하는데, 독일의 경우는 꼭 그런 것도 아니다. 독일의 높은 산들은 모두 남쪽에 있다.

밑으로 스멀스멀 알게 모르게 기어오르는 그런 축축하고 음산한 추위다. 추운 건지 아닌지 대충 '까짓 것' 하고 있으면, 어느새 추위는 바지 가랑이를 타고 온 몸에 퍼져 있다. 일단 한기가 느껴지면, 그땐 이미 늦었다고나 할까. 따뜻한 커피나 차 한 잔을 찾아 발걸음이 빨라진다.

이때 정말 아름다운 유혹처럼 사람의 정신을 혼미하게 하는 것이 거리의 빵집에서 배어나오는 커피의 진한 향이다. 게다가 갓 구워낸 빵들과 절묘하게 어우러지는 향은 하루의 그 어느 때보다 모든 것이 아직 어둠 속에서 추위만큼이나 스멀거리는 아침의 기운과 만날 때 최고조에 달한다. 독일의 아침은 갓 구워낸 빵과 파리의 거리에서 스쳐지나가는 고급 향수의 여운이 무색한 진한 커피 향으로 시작한다고 해도 과언이 아니다.

우리는 흔히 독일 하면 맥주의 나라로 알고 있다. 한국에도 독일의 맥주집을 모방한 많은 주점들이 독일 이름을 간판으로 내걸면서 생겨나고 있다. 한국 사람들에게 독일 하면 가장 먼저 떠오르는 것이 무엇이냐고 물으면, 아마도 아우토반, 맥주, 근면, 이런 것들을 나열할 것이다. 그런데 거기에는 우리의 일방적인 오해가 약간 섞여 있다. 한 통계 조사에 따르면 독일인들이 가장 많이 마시는 음료는 맥주가 아니라 커피란다. 실은 나도 진짜 커피 맛을 들이게 된 것은 독일에서였다. 물론 내가 대학을 다니던 70년대에 한국에서 점점 시장을 확보하게 된 인스턴트 커피에 막 맛을 들이게 된 것과 간혹 젊음을 담보로 한 귀여운 일탈이 명동 어디에선가 원두 커피라는 사치 아닌 사치를 조장하던 것말고는 커피의 향에 흠뻑 매료될 수 있는 기회조차도 많지는 않았지만. 독일 유학 생활이 바꾸어놓은 생활 습관 중의 하나가 '커피와 함께 시작하는 하루' 라는 것이다.

　이렇게 커피와 함께 시작하는 독일의 아침은 유난히 이르다. 평온한 가운데 어제 하루의 일과를 마감하고 깊은 잠에서 빠져나와 다시 시작되는 그런 이른 아침이다. 그래서 밤은 밤답고 아침은 아침답다. 그런데 이런 이른 아침이 더욱 아침답게 느껴지는 것은 나의 경험에서는 두 가지가 있다. 하나는 덜컹거리며 정확한 그 시간에 어김없이 들려오는 청소차의 소음이고, 하나는 아직도 짙은 어둠 안에서 야광 페인트가 번쩍거리는 삼각 띠를 목 주위에 두르고 커다란 직사각형의 가방을 메고 고물고물거리는 초등학교 학생들의 등교하는 모습이다. 내 기억으로는 초등학생들이 가장 먼저 등교 길에 오르고, 제일 나이 많은 대학생들이 꾸물럭거리며 학교를 향해 재촉하는 시간은 이미 해가 어느덧 아침을 뚫고 나올 때이다. 아직도 짙은 어둠 속에서 새벽 공기의 신선함에 갓 구워낸 빵과 진한 커피향이 어우러져 아침의 향기가 만들어질 즈음이면 어느 겨울의 하루가 꿈틀

거리듯 시작된다.

　이처럼 이른 아침의 시작은 점심 시간인 열 두 시까지 지내기에는 다소 버거운 감이 있다. 그래서 학교의 휴식 시간 중에는 '그로쎄 파우제'와 '클라이네 파우제'라는 두 가지 형식이 있는데, '그로쓰'는 '크다'라는 뜻이고 '클라인'은 '작다'라는 뜻이므로 말 그대로 긴 휴식 시간과 짧은 휴식 시간이 있다는 것이다. 대개 직장에서 일을 시작한 경우든 학교에서 수업과 수업 중간에 하게 되는 휴식 시간이든 열 시 즈음에 바로 이 그로쎄 파우제 시간을 가지게 되는데, 이때 대부분 '파우젠브로트'라고 하는 간식을 먹게 된다. '파우젠브로트'를 말 그대로 번역해놓으면 '휴식 빵'이다. 즉 휴식 시간에 먹는 빵이라는 의미이다.

　학교는 '그로쎄 파우제'라는 휴식 시간이 정해져 있는 반면, 일터에서는 따로 정해놓은 시간은 없다. 대충 열 시 즈음해서 관공서나 사무실을 찾게 되면 한 손에는 마실 거리를, 또 다른 한 손에는 간식으로 마련된 빵을 들고 있거나, 입안에 빵을 우물거리면서 업무를 보는 사람들을 어렵지 않게 볼 수 있다. 때문에 이 시간에 관공서 업무를 보려고 한다면 다른 때보다 업무 보는 시간이 좀더 길어질 수 있다는 것을 미리 염두에 두는 것도 괜찮다. 학생들도 그로쎄 파우제가 되면 간단하게 먹을 수 있는 샌드위치 같은 빵이나 간식 거리를 가지고 건물 밖으로 나와 삼삼오오 모여서 먹는 모습을 볼 수 있다. 그밖에도 직장에서는 '카페 파우제 커피 한 잔 할 수 있는 휴식 시간'나 '찌가레텐 파우제 담배 한 모금 피워 물 수 있는 휴식 시간' 등으로 업무 시간 사이사이에 꿀맛 같은 휴식 시간을 두어 자칫 너무 길어질 것 같은 오전 시간에 활력소가 되게 한다.

동화 속처럼 예쁜 집은 어떻게 꾸려지는가

　독일의 중산 가정들은 대부분 개인 주택을 가지고 있다. 물론 대도시나 도시 외곽을 중심으로 아파트 형태의 주거 형식들도 있고, 우리 나라 말로 번역하면 '연립 주택'으로 불릴 수 있는 빌라 형식의 다세대 주택의 경우들도 있지만, 우리 나라에서 가장 많이 볼 수 있는 고층 아파트는 독일 전체를 다 뒤져도 몇 개 도시에서만 볼 수 있는 매우 드문 주거 형태이다. 아파트뿐만 아니라 독일의 건물들은 초고층 건물이 거의 없다. 지반이 워낙 약하기 때문이라는 말도 있고, 온 국토가 전반적으로 고른 생활 수준을 유지하면서 균형 발전을 하는 마당에 중앙으로 밀집된 주거 형태를 추구하지 않아도 도시의 풍요로움과 혜택을 고루 받을 수 있으니, 굳이 번잡한 대도시에 오밀조밀 모여서 좁고 답답하게 살 이유가 없기 때문이기도 하다.

　독일 어디를 가나 나지막한 집들이 언제 보아도 정갈하고 잘 가꾸어진 정돈된 모습으로 옹기종기 모여 있는 것을 볼 수 있다. 고층 빌딩들은 대도시 주변이 아니면 거의 찾아볼 수도 없지만, 대개는 학생 기숙사나 정부의 보조를 받는 서민 주택이 주로 고층 아파트 형태이다. 기차를 타고 가다보면 차창 밖으로 불쑥불쑥 마주치는 녹지 공간과 그 녹색에 잘 어울리는 아담한 집들은 마치 동화 속 주인공들이 금방이라도 뛰어나올 것 같은 모습으로 어우러져 마을을 이루고 있다. 이처럼 개인 주택을 가지고 있는

여러 형태의 주택가와 다세대 주택.

독일 가정의 주부들은 하루 종일 집안 가꾸기와 살림만으로도 하루가 부족할 지경이다.

독일 가정에는 대부분 한 집에 '압슈텔라움', '슈파이제캄머', '포어라츠캄머' 등으로 불리는 다용도실과 우리의 지하실에 해당하는 '켈러'가 있다. 작은 공간이긴 해도 '압슈텔라움', '슈파이제캄머', '포어라츠캄머'는 서로 약간씩 다른 의미를 갖는데, '압슈텔라움'은 온갖 잡동사니나 청소 도구를 보관할 수 있는 의미가 더 크다면 '슈파이제캄머'나 '포어라츠캄머'는 주로 식료품 그중에서도 통조림이나 병조림 등 냉장고가 아닌 곳에 보관해도 좋은 장기 저장 식품 등을 두는 곳을 의미한다. 보통 한 공간에 청소 도구나 장기 저장 식품들이 함께 있을 경우 이 세 가지 명칭 중 하나로 불린다. 켈러는 어떤 의미에서는 '압슈텔라움'과 '슈파이제캄머'의 의미를 모두 가지고 있다고도 볼 수 있다. 대개 켈러에는 세탁기나 건조기를 놓으며 '게프리어투루에'라고 하는 우리 나라 김치 냉장고 모양의 냉동고가 있다. 주로 냉동 식품을 보관하는 용도로 이용되는데, 바로 냉장고에서 꺼내 먹을 수 있는 치즈나 햄 종류 외에 막상 요리를 위해 쓰이는 식품들은 냉장고보다 여기에 더 많이 들어 있다. 각종 냉동 야채들이나 생선류, 육류 등 냉동 보관이 가능하도록 포장된 제품들을 여기에 둔다.

켈러의 또 다른 한쪽 구석에는 감자를 담은 큰 자루나 오래 저장이 가능한 야채 상자가 있다. 또 가을이 깊어갈 즈음이면 독일 사람들이 즐겨 먹는 사과 주스나 사과 케이크를 만들어 먹기 위해 들여놓은 커다란 사과 자루도 볼 수 있다. 지하 공간의 다른 쪽에는 온갖 공구와 각종 재료 등을 마련해놓고 간단한 집안 수리나 자동차 정비를 위해 필요한 장소로 사용한다.

　대부분 세탁기가 있는 곳에 건조기가 함께 있거나 세탁과 건조가 함께 되는 세탁기를 이용하는데, 어차피 일조량이 그리 많지 않으므로 세탁물을 바깥 정원에서 말리는 경우는 그리 흔하지 않다. 그나마 빨래를 볼 수 있는 때는 비교적 날씨가 따뜻한 늦은 봄에서 이른 가을까지이고 이때도 집 뒤뜰에 있는 빨랫대를 이용하기 때문에 온 동네를 다녀도 집 밖에 걸려 있는 빨래를 찾아보기란 그리 쉬운 일이 아니다. 켈러에 세탁기를 두는 경우 보통은 세탁기나 건조기 옆에 빨래 줄을 만들어서 미처 다 건조되지 못한 세탁물을 널어두기도 한다. 독일 사람들 가운데는 완전히 건조되지 않는 세탁물 때문에 속옷을 다려입고 다니는 사람들이 있다. 속옷까지 다려 입으려니 그렇지 않아도 할일 많은 주부의 역할은 끝이 없다.

　세탁뿐만이 아니라 독일은 비싼 인건비 때문에 모든 일을 제 손으로 하는 경우가 더 많다. 독일 가정에서 함께 생활하면서 느낀 인상은 독일 주부들은 정말 부지런하다는 것이다. 그중에서도 독일 주부들의 쓸고 닦고 광내고 하는 청소 열정은 그야말로 대단하다. 이 청소 열정은 우리가 독일 가정에서 바로 '압슈텔라움'을 열어보는 순간 그대로 느낄 수 있는데, 어느 집에나 하나씩 있는 이 압슈텔라움 안을 가득 채우고 있는 각종 세제와 도구들에 놀라움을 금치 못할 것이다. 모두 집안 가꾸기에 필요한 것들인데, 세제도 예를 들면 가죽인지, 나무인지, 타일인지, 섬유인지 등등 어떤 종류의 재질을 위한 것이냐에 따라 모두 분리되어 갖추어져 있고, 청소 도구도 각각의 용도에 맞추어서 분리되어 있다. 나는 그 안에서 빗살

쓸고 닦고 광내는 열정이 대단하다보니 독일 광고에서 가장 눈에 띄는 것이 바로 세제 광고이다. 뒤셀도르프의 라인 강변에 있는 시계탑에는 세계적으로도 유명한 세탁 세제인 '페르질' 광고가 100년 전에 제작된 형태로 재연되어 있다.

이 성근 자그마한 머리빗 같은 것이 있어서 무엇에 쓰는 것이냐고 물었는데, 거실 양탄자 양 옆에 달린 술을 빗어주는 용도라고 했다.

이렇듯 쓸고 닦고 하는 열정이 대단하다보니 독일 광고에서 가장 눈에 띄는 것이 바로 세제 광고이다. 독일에 사는 동안 아마 가장 많이 접해본 텔레비전 광고가 세제 광고가 아니었나 생각된다. 각종 빨래를 위한 세탁비누는 물론, 설거지용, 욕실 청소제 등등 그것도 흔히 말하는 광고의 로얄 타임에. 어쨌든 독일 세제는 세계적으로도 유명한데, 세제 중에서도 세탁 세제 '페르질'은 1907년에 헨켈사가 뒤셀도르프에서 생산을 시작한 이래 지금까지도 한결같이 많은 사람의 사랑을 받고 있는 세제이다. 뒤셀도르프의 라인 강변을 산책하다보면 시계탑 기둥이 서 있는데, 여기에는 아직도 당시에 페르질을 생산 판매하면서 처음 만들었던 광고가 옛 모습 그대로 재연되어 있다. 옛 모습을 그대로 재연해놓았는데도 약간 어색하게 느껴질 뿐 지금 현재의 페르질을 광고하고 있다고 해도 별로 이상하게 느껴질 것 같지 않았다. 100년 가까운 세월 동안 변함없는 사랑을 받는 세제임에 틀림이 없다는 것말고도 100년을 지켜온 품질의 우수성을 확인해 볼 수 있는 좋은 증거이기도 하다.

그런데 이 페르질은 비단 독일뿐만 아니라 다른 나라에서도 자국의 제품으로 오해를 받을 만큼 애용되는 세제인가보다. 내 친구는 프랑스에서 공부하는 지인이 페르질이 프랑스 제품이라고 강력하게 주장하는 것을 들어서 그런 줄 알고 있었다고 한다. 한국에 들어오신 지 30년이 다 되는 어느 독일 여교수님은 몇 년 전인가 뵈었을 때까지도 한결같이 독일에서 이 페르질을 우송해와서 꼭 이 세제로 세탁한다는 말씀을 하셨던 것을 기억한다. "이거 모르면 독일에서 간첩이야"라는 소리를 들을 만한 것 중에 단연 손꼽히는 것 가운데 하나가 이 '페르질'이 아닐까 싶다.

바쁜 독일 주부의 일상을 더 바쁘게 하는 것은 바로 점심 식사를 하려고 가정으로 돌아오는 남편들이다. 독일 사람들은 자녀의 학군이나 집값이 오를 만한 곳으로 이사 다니는 것이 아니라 자신의 직장과 가까운 곳에 주거지를 마련한다. 콘스탄쯔에서 유학할 당시 알고 지내던 교수 가정이 있었는데, 아이가 셋씩이나 있는 집이었는데도, 그 교수님은 점심 시간에 자전거로 약 20~30분 걸리는 길을 달려와 집에서 점심 식사를 하고 오시곤 했다. 그래서 그런지 교사직을 하다가 자녀 양육을 위해 휴직하고 있던 그의 부인은 오후 두 세 시 사이에 한 30분에서 한 시간 정도 반드시 낮잠을 자는 습관을 가지고 있었다.

그렇다고 모든 가사 일을 주부가 혼자서만 하는 것은 아니다. 독일의 남편들은 우리가 상상하는 것보다 훨씬 더 가정적이다. 간혹 저녁 식사를 함께할 기회가 있어 관찰한 바에 의하면, 식사가 끝나고 빈 그릇들을 설거지 통으로 옮겨서 설거지를 할 때면, 남자는 거의 자동적으로 마른 행주를 들고 설거지 하는 옆에 자연스럽게 서 있는 것이었다. 그릇들이 설거지 통에서 나오기 무섭게 이를 마른 행주로 닦아서 부엌장 제 자리에 정리 정돈까지 하는 건 그의 몫이었다. 부인이 따로 부탁하지 않아도, 이미 오래된 암묵적 약속이라도 되어 있는 것처럼 거의 기계적인 동작으로 설거지를 돕고 있었다. 뿐만 아니다. 습기가 많은 탓에 자고 나면 불쑥불쑥 자라는 잔디 깎기나 여기저기 집 손보기 등 가사일에서 부부는 매끄러운 분업 형태로 손발을 맞추며 살아가고 있는 인상을 주었다.

독일 부부들은 가사일뿐 아니라 아이들의 교육에서도 일방적인 어머니의 역할을 기대하지 않는다. 유치원이든 학교든 마찬가지로 '엘터른 아벤트'라는 시간이 정기적으로 있어서 저녁 무렵에 담임과 부모와의 면담 시간을 가지는데, 학부형으로 이 모임에 몇 번 참석하였던 나는 우선 대부분의 부모가 함께 이 모임에 참석하고 있는 것을 보고 내심 놀란 적이 있다. 물론 엄마 혼자 참석한 경우도 있고, 또 아빠만 혼자 참석한 경우도 있지만, '엘터른 아벤트'를 직역하면 '부모님과 함께하는 저녁'으로 번역되는 것만 보아도 알 수 있듯이, 자연스럽게 부모가 함께 참여하는 것이다. 때문에 모임 시간도 저녁 여덟 시 무렵으로 직장 근무 시간을 모두 피함으로써 누구나가 함께 참여할 수 있도록 배려된 시간이었다. 독일에서 돌아온 후 한동안 학교를 찾아다니는 사람은 거의 대부분이 엄마들이라는 것과 심지어는 저녁 시간에 있었던 반상회도 모두 여자들만 모여 있었던 것이 오히려 어색하게 느껴질 정도였다.
　육아에서도 오직 엄마들만이 분주한 것 같지는 않았다. 서로의 시간을 배려하면서 남자와 여자가 모두 합리적으로 육아를 분담하는 것으로 보였다. 독일에서 아이를 기르면서 독일 부모들에게 배울 수 있었던 가장 좋은 습관 중의 하나가 바로 '책 읽어주는 부모'가 되는 것이다. 나의 경우는 아이에게 책을 읽어주면서 독일어 공부도 함께 할 수 있어서 일석이조였다고도 할 수 있다. 대개는 짤막한 이야기들이 그림과 함께 있는 책을 아이가 잠드는 머리맡에서 거의 매일 저녁 읽어주곤 했는데, 지금 생각해봐도 너무 아름답고 행복한 시간이었다. 어떤 때는 아이가 너무 좋아해서 같은 이야기 책을 수십 번씩 읽어준 적도 있다.

그런 이야기 책 중에 독일어로 씌어진 『피노키오』를 읽어주었던 적이 있다. 제법 두툼한 책이었는데 이야기가 꽤 길었기 때문에 매일 저녁 조금씩 읽어주어야 했다. 한 권을 다 읽을 때까지 꽤 오랜 시간이 걸렸는데 오히려 지난 밤 이야기가 흥미진진한 가운데 중단되었기 때문에 이야기를 읽어주는 시간을 기다리는 재미까지 더할 수 있었다. 책을 읽어주는 부모나 아이에게나 모두 기다려지는 순간이었다. 이렇게 긴 이야기이지만, 아이도 나도 이야기에 흠뻑 매료되어서 세 번 정도를 함께 읽은 것으로 기억한다.

『피노키오』는 이탈리아 교육 소설이다. 독일의 정서와 이탈리아의 정서는 사뭇 다르다. 이탈리아의 정서가 우리와 많이 닮았다면, 독일의 교육 소설은 섬뜩하게 느껴질 정도이다. 피노키오의 이야기는 말썽꾸러기 피노키오가 주변을 안타깝게 하면서 끊임없이 잘못을 저질러도 다시 잠깐 잘못을 뉘우치고 나면 또다시 잘못을 저지르고 다시 용서를 구하는 이야기가 되풀이된다. 마침내 나무 인형 피노키오가 사람의 모습을 갖게 되지만, 그렇게 되기까지는 수백 번 참고 기다리며 용서하는 제페트 할아버지와 착한 요정이 있다. 그러나 독일 교육 소설은 그런 기다리고 참고 인내하는 이야기가 아니다. 독일 아이들이라면 어린 시절 한 번쯤은 읽어보았을 『슈트루벨페터』라는 이야기가 있다.

이 이야기는 한마디로 무시무시한 느낌으로 오는데, 우선 표지 그림만 봐도 섬뜩하기 그지없다. 그 표지를 장식하고 있는 그림은 손톱을 잘 깎지 않고 머리도 단정하게 하지 않았던 슈트루벨페터의 엉겅퀴 덤불처럼 자라난 머리와 뱀처럼 꼬여 자란 손톱이 묘사되어 있다. 짤막짤막한 이야

독일 아이들이라면 어린 시절 한 번쯤은 읽어보았을 『슈트루벨페터』라는 독일 동화책의 표지 일러스트. 손톱을 잘 깎지 않고 머리도 단정하게 하지 않았던 슈트루벨페터의 엉겅퀴 덤불처럼 자라난 머리와 뱀처럼 꼬여 자란 손톱이 일러스트로 묘사되어 있다.

기가 여러 개 있는데 심성이 바르지 않다거나 부모님의 말씀을 듣지 않고 음식을 타박하는 경우 어떤 결과가 돌아오는지 그야말로 무시무시한 버전으로 확실하게 보여준다. 그런 이야기 가운데는 스프를 먹지 않겠다는 카스파가 통통하고 건강하던 모습에서 하루하루 말라가다가 닷새째 되는 날 결국 굶주려 말라 죽게 된다는 이야기도 있다. 이야기의 마지막 삽화에는 카스파의 무덤 위에 스프 그릇이 놓여 있는 장면이 묘사되어 있다. 아이들이 음식을 먹지 않겠다고 떼쓴 결과가 어떤 것인지 확실하게 시각적으로 전달된다. 또 다른 이야기에서 엄지손가락을 빠는 버릇이 있는 아이에게 엄마는 외출하면서 손가락을 빨지 말라고 당부하고 나가는데, 이를 어기고 손가락을 빨던 아이는 들이닥친 재단사에 의해 손가락이 잘리는 벌을 받는다. 이 장면에서는 손가락이 잘려나가고 피가 뚝뚝 떨어지는 삽화가 함께 실려 있다. 동물을 학대하고 집안 가구들을 마구 부수던 망나니 프리드리히는 결국 그 아이가 학대하던 개에게 물려 침대에서 고통을 견디며 쓰디쓴 약을 먹어야 하는 신세가 된 반면, 학대받던 개는 프리드리히 대신 맛난 음식을 먹을 수 있게 된다는 이야기도 있다. 식탁에 가만히 앉아 있지 못하고 발로 의자를 자꾸 건들건들하면서 말썽 피우던 아이는 끝내 식탁을 뒤엎어 결국 아무것도 못 먹게 된다는 교훈을 전한다. 아버지가 절대 하지 말라던 불장난을 하던 아이는 고운 신발만 남기고 홀랑 타버려서 재가 된다는 이야기도 그림과 함께 실려 있다.

    때문에 독일 성인들은 이 이야기를 어린 시절에 읽었던 재미있는 동화가 아니라 무시무시한 이야기로 기억한다. 흔히 독일 사람들은 법을 잘 지키는 것으로 유명한데 준법 정신이 강해서라기보다는 법을 어겼을 때 자신에게 돌아오는 벌과 고통이 얼마나 큰지를 너무 잘 알고 있기 때문인 듯도 하다. 『슈트루벨페터』 이야기를 보면서 자란 아이들이라면 썩 일리가 있는 이야기다.

    독일의 부모들은 한 가정을 꾸리고 이끌어가면서 정말 가정적이고 부지런한 모습을 보여준다. 그렇게 하루 종일 집안 꾸리며 아이들 돌보기에 바쁜 일상이지만, 이른 시간 아이들을 잠자리로 보내고 자신의 시간을 가지는 데도 확고한 원칙을 적용하는 것처럼 보인다. 때문에 장시간 휴직하면서 자신의 일과 직장에서 멀어져도 일방적으로 자식을 위해 헌신하고 희생하는 부모의 모습이라기보다는 서로의 행복을 추구하는 아름다운 관계로 느껴지는 것이 아닐까 생각해본다.

아침과 저녁은 찬 음식, 점심은 따뜻한 음식

독일 사람들의 식사는 따뜻하게 데워 먹는 음식과 찬 음식으로 크게 나뉜다. 따뜻한 음식은 '바르메쓰 에쎈'이라고 하여 불을 이용하여 만든 요리를 말하는데, 주로 점심 식사를 따뜻한 요리로 먹으며 간혹 저녁에 누군가를 초대하였을 때에도 따뜻한 음식을 요리하여 대접한다. 반면에 냉장고에서 버터, 치즈, 햄 등을 꺼내어 빵과 함께 먹는 경우나 샐러드처럼 따로 불을 쓸 필요가 없는 음식을 '찬 음식' 즉 '칼테스 에쎈'이라고 하는데, 주로 아침 식사와 저녁 식사가 해당된다. 물론 모든 독일인이 이렇게 획일적인 삶의 방식을 가지고 있는 것은 아니다.

아침 식사는 '후리슈틱'이라고 하는데, 커피, 우유, 차, 과일 주스 등이 마실 것으로 준비되고 다양한 크기와 모양의 빵에다 각종 햄과 치즈 종류를 얹어 먹거나 '마르멜라데'라고 하는 잼이나 꿀, 초코 크림의 '누텔라' 등을 발라 먹는다. 그리고 '후리슈틱스아이아침 달걀'라고 불리는 삶은 달걀이 대개의 경우 아침 식탁에 마련되는데, 호텔 조식의 경우 뷔페 상차림 어딘가에 반드시 삶은 달걀이 있는 걸 본 적이 있을 것이다. 호텔에서는 달걀을 따뜻한 온도로 유지하기 위해 보온이 되는 뚜껑을 덮어놓는 경우들이 있어서 '아침 달걀'을 잘 모르는 경우라면 그냥 지나칠 수도 있다. 가정에서는 대부분 식지 말라고 털로 짠 모자 같은 것을 씌워놓기도 하는데, 이 달걀을 받쳐놓는 작은 컵 모양의 받침대는 모양도 다채롭고 앙증맞

'찬 음식'인 '칼테스 에쎈'. 삶은 달걀은 독일인들이 아침 식사 때 빼놓지 않고 즐기는 음식이다.

아서 식탁의 장식으로도 훌륭하다. 달걀은 완숙보다는 반숙을 선호하는데, 손님에게 세심한 배려를 하는 호텔의 경우에는 반숙과 완숙 달걀을 따로 준비해주므로 각자의 입맛에 따라 선택할 수 있도록 하는 곳도 있다.

  이 아침 달걀은 단순히 영양 공급원으로뿐만 아니라 아침의 일진을 점쳐볼 수 있는 재미 거리가 되기도 한다. 달걀 받침대 위에 달걀을 세워놓고 칼로 옆구리를 쳐서 달걀 껍질이 곱게 한 번에 '딱'하고 동강이 나면 좋은 징조이고, 잘 안 되면 좀 그렇고 하는 식이다. 달걀 상단 삼 분의 일 쯤 되는 곳을 칼로 단번에 쳐서 금이 가면 윗부분을 뚜껑 열듯이 연다. 그러면 달걀 노른자가 담겨 있는 부분이 아래에 남고 윗부분을 떼어내게 되는데, 식탁에 마련된 소금통에서 소금을 살살 뿌려 찻숟갈 정도의 작은 스푼으로 달걀을 떠먹는다. 이렇게 윗부분을 먹고 나면 달걀 받침대에 남아 있는 나머지 달걀에 소금을 뿌려가면서 스푼으로 달걀 껍질 안의 달걀을 노른자를 중심으로 살살 파먹게 되는 것이다. 때문에 호텔 아침 식사에는 이 아침 달걀용 스푼도 따로 마련되어 있다. 재미있는 아침 식사 의식 중 하나임에 틀림없다.

식탁에 오르는 빵 종류도 무척 다양하다. 우리는 흔히 부드럽고 하얀 빵을 선호하는데, 이런 빵들이야말로 독일 사람들이 가장 멀리하는 종류다. 흔히 '검은 빵'이라고도 불리는 빵을 주로 많이 먹고, 우리 나라 사람들이 웰빙을 외치기 시작하면서 거친 곡식이나 호밀빵 등을 먹게 되는 것처럼 많은 종류의 곡물이나 견과류 등이 들어간 '폴코른' 빵을 많이 먹는다. 독일에서 생활을 시작한 지 얼마 되지 않았을 때 이 폴코른 빵을 먹게 되면, 대부분의 한국 사람들은 먹지 못하고 버린다. 색깔은 거의 검은색이라 할 수 있고 밀도가 엄청 높은데, 생김생김이나 냄새가 우리의 메주와 거의 흡사하다. 그러니까 거무튀튀하게 뜬 메주 덩어리를 얇게 썰어서 먹는 기분이라고나 할까. 그런데 이 빵에 한 번 맛을 들이면 다른 빵들은 별로 먹고 싶지 않다. 처음 베어 물었을 때 퀴퀴하기도 하고 약간은 시금털털한 듯한 맛이 씹으면 씹을수록 입안에서 고소하게 느껴지기 때문이다. 얄팍한 한 조각만 먹어도 배가 든든할 뿐만 아니라 오래 두고 먹어도 잘 상하지 않고 금방 말라서 딱딱해질 염려도 없어서 좋다.

빵 종류도 큰 덩어리째 사서 얇게 썰어 먹는 다양한 종류의 '브로트'와 딱 찐빵만한 크기의 '브뢰첸'들로 우선 크게 나누어볼 수 있다. 브뢰첸들은 주원료의 배합 성분과 겉에 뿌려놓은 깨나 양귀비 씨, 해바라기 씨 등에 따라 이름이 다양한데 대개는 겉은 아주 바삭바삭하고 속은 말랑말랑하다. 겉이 바삭거리는 것에 비하여 속은 폭신한 느낌인데, 때로는 겉이 너무 바삭거려서 입 안을 다치게 되는 경우도 있다.

이런 빵들말고도 독일 사람들이 주로 간식 거리로 잘 먹는 '브레첼'이라는 게 있다. 8자 모양으로 팔을 엮고 있는 것 같은 형태에 단맛은 거의 없고 굵은 소금을 듬성듬성 뿌려놓아서 다소 짭짤한 맛을 띠는데, 전체를 단면으로 잘라서 고소한 버터를 발라놓은 것은 '부터브레첼'이라 부른다. 버터를 독일어 식으로 발음하면 '부터'이다. 단맛보다는 짭쪼름한 맛에 쫀득거리는 속살이 일품이다. 이 브레첼은 뮌헨의 맥주 축제인 옥터버페스트 때 긴 막대기에 끼워진 맥주 안주로 자주 등장한다. 나는 이 빵을 볼 때마다 유학 시절 생각이 난다. 아직 어리기만 했던 아이를 유모차에 태워 공원으로 산책을 가거나, 외출할 때 이 브레첼 하나를 손에 쥐어주면 침을 잔뜩 발라가면서 야금야금 한참을 걸려 먹던 아이의 모습이 떠오른다. 브레첼 하나면 한동안 얌전히 있었던 것 같다. 최근 한국에서도 독일에서 먹던 브레첼과 똑같은 맛의 브레첼을 구워 파는 빵집이 생겨 그 근처를 지나게 되면 옛날 생각에 꼭 두어 개를 사다 아이에게 준다. 그때도 그랬는데, 성인이 다 된 아이는 여전히 맛나게 브레첼을 반긴다.

간식으로 흔히 먹는 빵이 브레첼이라면 미국식 햄버거보다도 더 선호하는 샌드위치는 단연 터키식 케밥이다. 얼마 전 겨울 여행에서도 기차역이나 승강장 등에서 사람들 손에 케밥이 쥐어져 있는 모습이 눈에 많이 띄었다. 우리가 김밥 한 줄 먹는 것과 같은 정도로 보면 될 듯싶다. 젊은 아이들이 버거킹이나 맥도날드 햄버거를 먹는 모습도 종종 보이지만, 성인

터키식 케밥. 독일 사람들이 미국식 햄버거보다도 더 선호하는 샌드위치는 단연 터키식 케밥이다. 기름기가 많지 않고 각종 야채도 들어 있는 데다 매콤한 맛까지 즐길 수 있고 양도 제법 많아서 훌륭한 한 끼 식사가 된다.

들은 대부분 케밥을 손에 들고 있다. 빙빙 돌아가는 쇠막대에 저며놓은 고기를 역삼각형 모양으로 끼워놓고 돌려가면서 옆에서 불을 쐬어주면 기름기가 빠지면서 고기가 구워진다. 주문이 들어오면 기름기 하나 없는 터키식 넓적한 빵에 큰 칼로 고기를 저미듯 썰어서 준비된 각종 야채들과 함께 빵에 담듯이 넣고 요구르트 소스를 끼얹는다. 마지막으로 매콤한 맛을 원하면 거칠게 빻은 듯한 고춧가루를 한 스푼 뿌려준다. 기름기가 많지 않고 각종 야채도 들어 있는 데다 매콤한 맛까지 즐길 수 있고 양도 제법 많아서 훌륭한 한 끼 식사가 된다. 값도 저렴해서 테이크 아웃하는 경우도 많지만, 점심 식사 무렵이면 케밥집에서 간단하고도 푸짐한 식사를 하는 경우를 많이 볼 수 있다. 독일 여행을 하는 경우에 배도 채우고 우리 입맛에 크게 어긋나지 않으면서 이국적인 음식을 먹고자 한다면 케밥을 이용하는 것도 좋다.

독일 사람들은 서서 또는 걸어가면서 이것 저것을 먹는 경우가 많다. 사실 이것은 처음 유학을 할 당시 나에게는 거의 이해할 수 없는 그들만의 생활 습관이었다. 지금은 한국에서도 길거리를 가면서 아이스크림을 먹거나 뭔가 손에 들고 가면서 먹는 모습을 어렵지 않게 볼 수 있지만, 내가 자라면서 학교를 다니던 시절에는 거의 금기시되었던 것 중의 하나가 '길거리에서 먹는 일'이었다. 그런데 독일에 와보니 길거리에서 먹지 않는 사람이 거의 없는 것 같다. 지금은 우리 나라에도 다양한 음식 종류를 취급하는 테이크 아웃 상점들이 많이 생겨나고 흔히 손에 먹거리를 들고 거리를 돌아다니는 젊은이들을 많이 마주치지만 유학 시절 길거리에서 먹는 독일인들의 모습은 거의 쇼크에 가까운 인상을 남겼었다. 젊은 사람들만 걸어다니면서 먹는 것이 아니라 말쑥한 차림의 신사 숙녀도 거리에서 먹는 것에 대한 거리낌이 없는 것 같다. 여행을 할 때 이렇게 거리에서 먹을 수 있다는 것은 참 편리하다. 돌아다니다가 아무 때나 먹을 수 있다는 편리함뿐만 아니라 값도 저렴하고, 시간도 절약될 수 있기 때문이다.

그런데 이번 여행에서 특히 눈에 띄었던 것은 역 주변의 스낵 코너에 김밥이 등장하였다는 것이다. 아쉽게도 한국의 김밥이 아니라 일본식 이름으로 나오는 김밥인데, 속에 별로 든 것도 없고 크기도 우리 나라 충무 김밥만한 걸 용기에 담아놓고 파는데 가격이 놀라웠다. 일반 스낵 코너의 가격 체계를 완전히 무시한 가격이었다. 그래도 찾는 사람이 있으니 이렇게 갖추어놓고 팔지 않을까.

　유학 시절에도 독일 친구들에게 한국 음식을 선보인다고 몇 번 만들었던 기억이 있는데, 김밥은 좋아하는 사람은 무척 좋아하고, 너무 생소해서 신기해하는 사람들은 특히 검은 김의 존재를 부담스러워했다. 간혹 겉에 말려 있는 김을 벗겨내고 먹는 사람들도 있었으니까. 그런데 이젠 이 김밥이 독일 사람들의 입맛을 사로잡기 시작했나보다. 이 정도의 품질에 이 정도의 가격이라면, 우리 나라에 지천으로 있는 김밥집 하나를 독일에 내어볼까 하는 객기가 생기니 말이다.

　독일 학생들에게 권했던 우리 음식 중에서 특히 열광적인 호응을 받았던 것들은 호박전, 잡채, 불고기, 고추장 양념 삼겹살, 그리고 우리 음식이라고 하기에는 약간 뭐하지만, 탕수육이나 닭튀김이 있다. 호박전에서 조금 변형하여 우리가 그냥 쉽게 잘 만들어 먹는 여러 가지 전 종류를 프라이팬 크기로 만들어 양념 간장과 함께 준비하면, "환타스티쉬"라는 칭찬을 입이 마를 정도로 한다. 내 짧은 생각으로 호박전과 김밥 두 가지 만으로도 짭짤한 수입이 되지 않을까 하고 머리 속에서 주판알을 튕겨보면서 독일의 대도시 역 안에 즐비한 중국 요리집과 케밥집이 우리 음식으로 마련된 스낵 코너로 바뀌는 즐거운 상상을 해본다.

속옷을 다려 입는 사람들

독일에서는 맑은 공기 덕분에 하루 종일 밖에서 돌아다녀도 옷깃이나 양말이 그리 쉽게 때를 타지 않는다. 조금 게으른 남자 유학생들은 하루 종일 신던 양말을 벗어서 그냥 거풍하듯 방안에 펼쳐놓았다가 이틀쯤 뒤에 다시 신는다고 한다. 별로 더러움을 타지 않았으니 굳이 세탁하는 번거로움을 거쳐야 할 필요가 없다는 말이다. 양말은 아무래도 좀 그렇다 해도, 겉옷은 확실히 더러움을 잘 타지 않기 때문에 세탁을 자주 하지 않아도 늘상 깨끗해 보인다. 오래 입어도 때가 타지 않기 때문이기도 하지만, 세탁소를 이용할 경우 세탁비가 엄청나기 때문에 드라이 크리닝 하여 다려진 옷을 입고 다닐 엄두는 아예 내지 않는다. 굳이 세탁소를 이용하지 않아도 옷들을 세탁기로 세탁한 후 그냥 잘 펴서 말려 편안하게 입으면 그만이다. 우리 나라 유학생들이 한국에서 가지고 온 옷가지들 중에는 세탁소에서 드라이 크리닝을 해야 하는 옷들이 꽤 있다. 이런 옷들 때문에 웃지 못할 해프닝이 종종 벌어지곤 하는데, 유학 생활 처음에는 누구나 한 번쯤 겪었음 직한 일이다.

독일 공기는 맑기는 하지만, 일조량이 적어서 보통 기숙사에는 세탁과 건조가 함께 되는 드럼 세탁기나 세탁기와 건조기가 나란히 갖추어져 있다. 물론 세탁기도 30도 정도의 미지근한 물빨래부터 95도의 삶는 빨래까지 가능한데 꼬박꼬박 동전을 넣어야 세탁기를 한 번 돌릴 수 있으니, 제법 용량이 큰 세탁기를 사용하면서 물의 온도에 맞추어 세탁물을 분리하기란 여간 아까운 것이 아니다. 세탁기도 비싼 코인을 써야 하고 세제도 이중으로 드는 경제적 이유도 있지만, 세탁물을 가지고 두 번씩이나 오가는 번거로움이 더 성가시기도 하기 때문에 대부분 그냥 한 통 속에 겉옷부터 속옷까지 모두 넣어서 한 번에 세탁을 끝내려고 한다. 그런데 여기서 종종 문제가 발생한다. 겉옷들과 속옷을 함께 넣고 온도를 잘못 맞추면, 대부분의 겉옷이 심하게 줄어들거나 망가지기 십상이기 때문이다.

나는 유학 시절에 겨울 스웨터나 모직 종류의 옷을 세탁기에 넣어 어린이 사이즈로 만들었던 경험이 없는 사람을 보지 못했을 정도였다. 운이 좋아서 세탁기에서는 이런 불상사를 겪지 않아도 되었던 경우라면, 문제는 다음 건조 과정에서 더 심각하게 발생하게 되는데, 보통 세탁과 건조가 한 번에 해결되는 세탁기도 있고 또는 세탁기 바로 옆에 전용 건조기가 마련된 경우도 있다. 건조 기능만을 가진 세탁기 모양의 건조기는 대부분 뜨거운 바람으로 통 속에서 세탁물을 돌려가며 건조시킨다. 세탁 과정에서 잘 살아남은 세탁물 중에는 이 건조 과정에서 인형 사이즈의 옷으로 둔갑하는 경우들이 종종 있다. 한국 유학생들이 독일에 유학온 지 얼마 안 되서 좀 이상하게 일그러진 옷을 입고 학교에 나타나는 경우를 본다면, 필경 세탁장에서 일이 벌어진 것이라고 보면 정확한 진단이 나올 것이다. 그런데 이렇게 조금 우스꽝스럽게 변모된 옷이라 해도 독일 생활을 하는 데는 전혀 불편함이 없다. 그저 조금 이상할 뿐, 아직 몸이 들어가는 사이즈로 남아 있는 경우라면, 별로 대수롭지 않게 입고 다닐 수 있다.

유학 시절에 보았던 한 신문 광고가 떠오른다. 한 가전 제품 회사의 건

독일의 겨울은 해가 귀하다. 이렇게 햇볕을 볼 수 있는 날이 적으니 해만 나면 사람들이 모두 해를 찾아 집 밖으로 나온다.

조 기능을 가진 세탁기 광고였는데, 자세한 것은 모두 기억할 수 없지만 그해 11월에 햇볕이 4시간 정확히 몇 시간인지 기억에 자신은 없다 이상 쪼이는 날이 며칠이나 될지 알아맞추는 퀴즈를 내면서 정답을 예측한 사람에게 당사 제품인지 아니면 상금인지 제법 구미가 당기는 상품을 걸었던 것으로 기억한다. 얼마나 해를 볼 수 있는 날이 적었으면 이런 광고를 통해 건조기 광고를 할 수 있을지 상상해보라. 그 해는 그래도 다른 해보다 11월에 평균 이상으로 햇볕을 볼 수 있었던 걸로 기억된다. 왜냐하면 나는 그 광고를 보는 순간 좀 과장된 어조로 "단 하루도 없지 뭐!" 하고 혼자말처럼 궁시렁거렸고, 나중에 과연 며칠이 정답이었는지 궁금해서 그 결과를 예의 주시하고 있었기 때문이다. 생각보다는 그해 11월의 성적이 별로 나쁘지 않았던 것으로 기억된다. 여하튼 독일의 겨울은 해가 귀하다. 이렇게 햇볕을 볼 수 있는 날이 적으니 해만 나면 사람들이 모두 해를 찾아 집 밖으로 나온다.

뿐만 아니라 이런 귀한 햇볕 때문에 우리의 상식으로는 잘 이해가 안 되는 그들의 생활 습관도 하나 더 찾아볼 수 있는데, 바로 속옷을 다려 입는 것이다. 처음에 속옷을 다림질하여 입는 독일 사람들을 보고는, 유난히도 옷을 깔끔하게 입는 사람들인 줄로만 알았다. 오히려 겉옷은 그냥 편안한 대로 입는 것 같은데 이게 웬 유난인가 싶었다. 알고 보니 빨래를 세탁하고 난 후에도 건조가 신통치 않게 되면, 옷이 눅눅해지고 곰팡이가 피는 것을 막기 위해 다림질을 통해서 일종의 살균 작용을 하는 것이었다. 우리 나라에서도 점차 인기가 더해가는 건조 겸용 세탁기 판매의 약진을 보면서 햇볕이 넉넉한 우리에게는 웬지 에너지 낭비가 아닐까 하는 생각을 해본다.

　기왕 다림질 이야기가 나왔으니 잠시 옆길로 새보자. 내가 유학을 결정하면서 짐 속에 챙겨넣은 필수품 가운데 하나는 바로 다리미였다. 중고등학교 내내 깃을 풀먹여 빳빳하게 다려 입고 다니고, 여대생이 되어서도 구김살이 있는 옷을 입는다는 것을 상상도 못하는 분위기에서 생활하던 나로서는 비록 유학생 신분이더라도 옷은 단정하게 입어야 한다는 강박 관념이 있었던 것 같다. 그런데 막상 내가 이 소중한 다리미를 사용한 것은 일년에 단 한 번, 그것도 설날 기분을 낸다며 바리바리 챙겨간 한복 치마의 주름을 펴려고 할 때뿐이었다. 지금 생각하면 무슨 한 편의 코미디를 보는 것 같다. 어찌 되었건 그 후로 내가 가장 싫어하는 가사일 중의 하나가 바로 다림질이다. 아무리 애써 곱게 다려도 한 번 입고 앉았다가 일어서면 금방 주름이 가니, 그것보다 허무하게 느껴지는 것이 없다.

　유학생 중에는 늘 부인이 다려주는 셔츠를 곱게 입고 학교에 오시던 분이 계셨는데, 그 줄 세운 셔츠는 정말 독일 학생 분위기를 깨는 컨셉이었다. 마치 갓 쓰고 하이힐을 신은 것처럼, 한국이라면 너무 당연하고 깔끔하게 보였을 그 정갈한 모습은 독일 유학 사회에서는 너무나 이질적인 생뚱맞은 그림을 만들어낸다.

공무원의 주례로 이루어지는 결혼

독일 생활이 차츰 자리잡아가기 시작하면, 지역 신문의 구석구석에 실린 기사 내용들도 눈에 들어오기 시작한다. 처음에는 집을 구해야 하는 일이 급하니까 우선 우리 나라의 벼룩시장같이 편집된 광고란을 세심하게 보게 되는데, 집뿐만이 아니라 소소한 살림살이들도 지역 신문 광고를 보고 중고로 구할 수 있다. 값도 저렴하고 질도 좋은 물건들을 믿고 구입할 수 있어서 좋다. 믿을 수 있다는 것은 대부분의 가정에서 자신들이 손질하면서 쓰던 것을 중고로 내놓는 것이기 때문에, 기왕 새것을 사지 못하는 바에야 직접 그 집을 찾아가서 눈으로 확인하고 주인의 설명도 듣고 살 수 있으니 어떤 사람들이 어떤 환경에서 어떻게 물건들을 쓰다가 내놓게 되었는지도 알 수 있고 장삿속이라는 느낌도 없어서 좋다. 유학생들에게 특히 인기 있는 품목은 새것으로 사기에는 값이 너무 많이 나가는 냉장고나 세탁기 같은 가전 제품이나 집안 가구들인데, 특히 아이들을 키우는 집에서는 아이의 옷가지며, 장난감, 침구 등등 큰 돈을 들이지 않고서도 필요한 물품을 구할 수 있다. 새것을 사자면 값이 만만치 않은데, 하루가 다르게 자라나는 아이들 용품을 새것으로 산다는 것은 유학생들에게는 무척 버거운 일이다.

나는 유학 시절 아이를 키우면서, 새 옷을 사본 적이 거의 없다. 대개 아이들 물건은 아이가 성장해서 더 이상 필요 없게 된 것들을 독일 엄마들

집뿐만이 아니라 소소한 살림살이들도 지역 신문 광고를 보고 중고로 구할 수 있다. 값도 저렴하고 질도 좋은 물건들을 믿고 구입할 수 있어서 좋다. 독일 사람들은 주기적으로 열리는 알뜰 장터를 통해서도 중고 물건들을 교환한다.

이 잘 손질해서 박스째 물려주는 경우가 많다. 요구하는 값도 거의 상징적인 수준이라고 할 수 있다. 운이 좋으면, 옷가지를 사러 갔다가 상태가 거의 새것과 다름없는 장난감이나 다른 유아 용품들이 덤으로 오기도 하고, 장난감이나 유아 용품을 사러 갔는데, 덤으로 옷가지가 박스째 건네지기도 한다.

이런 소소한 물건들말고도 또 하나 유학생들이 벼룩시장 광고를 눈여겨보는 것은 자동차를 구입할 때이다. 자동차를 새것으로 사서 타고 다닌다는 것은 유학생 사회에서는 — 적어도 내가 유학할 당시는 — 상상도 못할 일이다. 중고차 매매상들도 신문 광고를 통해 중고차를 내놓는 경우도 있지만, 개인 대 개인으로 사고 파는 경우들도 많기 때문에, 큰 이익을 염두에 두지 않으니 주인 얼굴 보고 이야기 나누면서 살 수 있어서 좋다.

이렇게 지역 신문이 조금씩 익숙해질 무렵이면, 우리에게는 지면의 기사 내용도 앞뒤로 들춰보는 여유가 생기는데, 이때쯤이면 지면 한 귀퉁이에 그저 흘려보내던 일종의 광고가 새삼 눈에 들어온다. 다름아닌 그 지역에 사는 평범한 사람들의 부고나 결혼 또는 아이의 출생 등을 알리는 광고이다. 다양한 크기의 박스 광고인데, 그 안에 씌어 있는 글귀도 다양하고 특히 결혼이나 출생을 알리는 경우 톡톡 튀는 재미있는 표현도 많다. 나는 독일에서 유학하는 동안 몇 번 독일 친구들의 결혼식에 초대된 적이 있는데, 한 마디로 딱 잘라 말하면 참 합리적이라는 생각이 드는, 그야말로 가족과 친지들의 즐거운 축제 같은 분위기다.

독일 사람들은 법적으로 유효한 성혼이 되기 위해서는 결혼 신고를 해야 한다. '슈탄데스암트'라는 공기관에 가서 신랑이나 신부가 모셔온 주례가 아닌, 혼인을 법적으로 유효하게 해줄 수 있는 자격을 지닌 공무원 앞에서 일정 의식을 행하고 서명하는 절차가 필요하다. 이때 각각 신부와 신랑 측의 증인이 반드시 동반하여 혼인 신고서에 서명해주어야 한다. 그러니까 결혼이 법적인 효력을 가지기 위해서는 신랑과 신부, 그리고 각각의 증인이 배석한 가운데 이를 법적으로 승인해주는 자격을 부여받은 공무원이 있어야만 한다는 말이다. 다만 공무원은 공무 수행으로 행하는 절차이기 때문에 휴일이나 관청이 업무가 끝나는 공무원의 규정 근무 시간 외에는 치러질 수 없다는 단점이 있다. 여하튼 이런 결혼식을 통해 일단 일차적인 성혼의 법적 효력이 발생한다. 그러나 여기서 이 부부의 혼인이 완전한 법적 효력을 갖게 되는 것은 아니다.

이제 이 일 단계 절차가 끝나면 관청에 마련된 게시판에 이들의 혼인을 고시하는 절차가 남아 있다. 법으로 정해진 일정 고시 기간 동안 — 별로 긴 시간은 아니었던 것 같다 — 아무런 이의 신청이 없으면, 이 기간이 완료되는 순간 혼인은 완전한 법적 효력을 가지게 된다. 적어도 내 주위의 사람들이 — 내가 알고 지낸 사람의 범위, 그중에서도 내가 있는 동안에 결혼식을 올린 사람의 범위가 매우 한정적이기는 하지만 — 이 고시 기간 동안 그 어떤 이의가 접수되어 결혼이 무효화되었다거나 곤란을 겪었다는 말을 들어보지는 못했다. 지역 신문에서도 이런 기사를 읽었던 기억은 없었던 것 같다. 우리가 흔히 영화에서 보듯 결혼식 당일에 식장에 뛰어들어서 결혼식을 뒤죽박죽 만드는 경우는 분명 독일은 아닌 것 같다. 독일에서 결혼을 무효화하려면 고시된 이 기간 안에 하도록 되어 있으니 말이다.

이런 절차는 일종의 법적인 절차에 해당하고, 이 절차와는 무관하게 또 한 번의 식을 올리는데, 이 의식이 우리가 흔히 생각하는 드레스를 입고 하객들과 함께하는 결혼식 절차이다. 이 두 번째에 해당하는 결혼식은 이제 친척이나 가까운 친지들을 초대하여 교회나 마을 회관 같은 곳을 빌려서 치른다. 드물지만 젊은 사람들 중에는 집 정원이나 야외에서 아주 가까운 친지들만 초대하여 조촐하게 치르는 경우도 있다. 전자가 법적으로 부부임을 확인받기 위해 반드시 치르어야 하는 절차라면, 후자는 쉬운 말로 옵션에 해당한다. 그렇다고 두 번의 결혼식이 결코 이중 절차라든가 거품이라는 느낌을 주지는 않는다.

보통 공기관인 슈탄데스암트에서 결혼식을 올릴 때는 평소보다 조금 신경을 더 쓴 것 정도로 보이는 말쑥한 정장 차림에 양측의 증인을 대동하여, 일반 주례가 아닌 이 업무를 담당하는 공무원의 지시에 따라 서약하고 사인하는 절차만 행하면 된다. 공무원의 업무에 해당하기 때문에 사전에 예약하여 정해진 시간에 그곳에 가서 치르는 절차는 무척 간단하다. 몇 가지 사항을 확인하고 간단한 질문에 대답한 후 필요한 서명을 받는 것으로 끝난다. 이러한 절차와 별도로, 교회나 특정 종교적 의식을 따르지 않을 경우는 마을 회관 같은 곳을 빌려서 일종의 파티를 벌이는 두 번째 결혼식에서야 비로소 신부는 소위 말하는 웨딩 드레스를 입는다. 신랑도 턱시도를 입고, 결혼식을 위한 장소에 꽃 장식을 하고, 음식을 마련하여 하루 종일 함께 먹고 마시며 음악과 함께 즐긴다. 하객으로 초대되는 범위도 친척들과 평소 가까이 지내는 친구나 직장 동료, 이웃들로 대부분 서로를 잘 알고 규모도 그다지 크지 않다. 이러한 두 가지 의식이 하루에 모두

마을 회관 같은 곳을 빌려서 일종의 파티를 벌이는 두 번째 결혼식에서야 비로소 신부는 소위 말하는 웨딩 드레스를 입는다. 신랑도 턱시도를 입고, 결혼식을 위한 장소에 꽃 장식을 하고, 음식을 마련하여 하루 종일 함께 먹고 마시며 음악과 함께 즐긴다.

이루어질 때는 드레스와 턱시도 차림으로 두 곳 모두에서 결혼식을 치르지만, 슈탄데스암트 의식은 공무원 근무 시간이라는 제약이 있으므로 대부분 두 의식이 며칠의 시간 차를 두고 이루어진다.

그러나 독일 결혼식이 하나의 의식으로서 나를 감동시켰던 것은 바로 그들의 결혼 축하 문화이다. 일반적으로 신랑이나 신부의 부모로부터는 결혼 축하의 의미로 가장 값비싼 선물을 받는데, 내 친구는 침실 가구 일체를 선물로 받은 것이 그것이라고 했다. 막상 가족들, 특히 부모님께로부터는 정작 어떤 선물을 받는지 자세히 묻지 않았으니, 내가 들은 정도가 평균적인가보다라고 생각할 뿐인데, 가족의 선물보다 더 감동적인 것은 축하객들이 가지고 오는 선물이다.

    대부분의 경우 예비 신랑 신부가 결혼을 앞두면 그들이 새 출발을 하면서 필요한 물건들의 명단을 만든다. 여기까지는 우리와 별반 다를 게 없다. 다른 점은 이 물건들의 리스트를 가지고 그들이 사는 곳 가까이에 있는 큰 백화점에 가서 그 리스트의 물건들을 진열한다는 점이다. 대개는 주방 용품이나 그릇을 파는 층에, 백화점 측에서 마련해준 매장 한 쪽에 그들이 원하는 물건들이 디스플레이된다. 진열 테이블에는 예비 신랑과 신부의 이름이 적힌 카드가 꽂혀 있고, 리스트에 적힌 여러 가지 주방 기구며, 그릇들이 진열되어 있다. 이들의 결혼 소식을 들은 사람들은 백화점에 나가서 이들의 이름으로 마련된 테이블의 물건들을 보면서 자신의 능력에 맞는 선물을 골라 그것을 결혼식 때 선물하게 된다. 값도 다양하다. 정말 몇 푼 안 되는 소소한 생활 용품부터 제법 값이 나가는 그릇 세트나 주방 가전 제품까지 꽤나 다양하다. 몇 주 정도의 충분한 기간이었던 것으로 기억된다.

    때문에 결혼 선물을 준비하는 사람이라면 누구나 자신이 원하는 시간에 편안하게 둘러보면서 자기 능력에 맞는 선물을 골라 선물할 수 있다. 아무리 작은 선물이라도 예비 부부가 처음 살림을 꾸리면서 가장 필요하다고 생각한 물건들이므로, 그 의미가 결코 작지 않다. 선물을 고르려고 매장을 몇 번씩이나 돌면서 고민할 필요도 없고, 굳이 많은 비용을 들이지 않더라도 자신에게 맞는 범위에서 꼭 필요한 선물을 할 수 있으니, 그 물건이 얼마만큼의 값어치를 가지는지는 문제 되지 않는다. 더욱 좋은 것은 자칫 선물이 중복될 염려가 없다는 점이다. 어디를 보나 정말 합리적인 독일 사람들다운 생각이다.

    이런 사실을 알고 난 후부터는 간혹 백화점에 들르게 될 때 일부러 주방 용품 매장에 들러 어떤 예비 부부가 어떤 살림살이를 결혼 선물로 받기를 원하는지 둘러보는 재미도 생겼다. 이런 문화를 경험해보기 전까지는 그저 아름답게 꾸며놓은 여러 가지 변형의 디스플레이의 의미로밖에는 보이지 않았었다. 때로는 어떤 가전 제품이 새로 나와서 인기를 끄는지, 그릇들은 어떤 유행을 타고 있는지 등등을 알 수 있게 해준다. 그곳에서 수집한 그런 정보를 잘 이용하면 일종의 트랜드를 읽는 좋은 기회가 된다.

혈액형을 묻지 마세요

 독일은 속지주의인 미국과 달리 속인주의다. 그러니까 태어난 곳이 아무리 독일 땅일지라도 부모가 한국 국적을 가진 사람이면, 그의 자녀도 당연히 한국인의 국적을 받는다. 그러니 항간에 자주 회자되는 국적 취득을 위한 '원정 출산' 같은 말은 아예 원천 봉쇄되어 있다고 볼 수 있다.
 우리 아이는 우리가 독일에서 유학할 당시에 태어났다. 때문에 독일 병원의 신세를 져야 했고, 독일의 의료 보험 혜택과 의료 시스템 등등을 남보다 좀더 많이 접해볼 수 있는 기회가 되기도 했다. 독일에서는 출산 전까지는 개인 산부인과 의사를 방문하여 정기 검진도 받고 조언도 구하는데, 막상 출산은 종합 병원에서 해야만 한다. 임신에서부터 출산, 육아까지 이 기간 동안 발생한 진료와 입원 및 출산 치료비는 모두 의료 보험에서 지불된다. 설령 입원 기간이 길어지게 되더라도 그것이 출산과 관련된 부득이한 경우라면 모두 의료 보험의 적용을 받으므로 출산을 위한 지출은 한푼도 들지 않는다.
 내가 공부하던 콘스탄쯔의 유일한 종합 병원은 콘스탄쯔 시립 병원이었다. 독일 말로 일반 개인 병원은 '프락시스'로 불리고, 종합 병원은 '크랑켄하우스'다. 우리가 독일어 교재에서 '병원'으로 배우는 '크랑켄하우스'는 일반적으로 아플 때 쉽게 찾아가는 일반 병원이 아니라, 일반 병원 의사의 소견서가 필요한 종합 병원과 같은 2차 진료 기관을 의미한다. 때

독일 아이들은 처음에는 밝은 금발과 파란 하늘색 눈동자로 태어난다. 이 아이들이 커가면서 갈색 머리카락이나 붉은 머리카락을 가지기도 하고, 눈동자도 녹색 또는 갈색, 회색 등으로 변한다.

문에 독일에 가서 크게 입원하는 경우가 아니라 일반적으로 몸이 아파서 일차적으로 의사를 찾아가야 하는 경우는 말 그대로 "쭘 아르츠트 게엔의사에게 간다"으로 말하지 "인스 크랑켄하우스 게엔병원에 간다"으로 말하지 않는다.

이야기가 좀 길어졌다. 여하튼 아이를 낳기 위해 병원에 입원하게 되었는데, 진통이 오고 분만실로 옮겨졌을 때, 나는 담당 의사를 보고 도무지 마음을 놓을 수 없었다. 당시 내 나이 또래로 보이는 새파란 젊은 의사는 아직 수련의 단계였던 것 같다. 예전부터 산부인과 의사는 경험이 중요하다고 들었던 터라 내심 불안하기까지 했다. 다른 사람들처럼 필요한 만큼의 산고를 겪고 아이가 태어났다.

기진맥진 정신이 몽롱한 상태인데, 갑자기 그 젊은 의사의 목소리가 들렸다. 옆에 있는 간호사에게 "아이의 순환기에 문제가 있다"라고 소곤거리듯이 말하는 것이었다. 순간 정신이 번쩍 들면서 이게 무슨 소린가 했는데, 그 의사는 아이의 엉덩이에 손바닥만한 시퍼런 멍자국 같은 것을 보고 놀라 '혈액 순환 장애'라는 의사 소견서를 진료 기록에 쓰려던 참이었다. 조그마한 시골 도시에서, 이제 의사로서의 경험을 막 쌓기 시작한 이 젊은 의사는 어디서 의과 교육을 받았는지는 몰라도 — 콘스탄쯔는 순수 학문만 있었고, 의대는 없었다 — 우리 나라 아이들에게 나타나는 소위 말하는 삼신 할머니의 매질에 해당하는 몽고반점을 듣지도 보지도 못했던 모양이다. 더구나 산모인 내가 걱정하게 될 것을 염려하여 간호사에게 소곤거리듯 살짝 이야기하였던 것인데, 신참 의사의 눈에는 아이의 엉덩이에 손바닥만하게 퍼져 있는 몽고반점이 몸 안에서 혈관이 터졌거나 하는 그 어떤 혈액 순환 장애의 증세로밖에는 이해되지 않았던 모양이었다.

순간 나는 아이의 생애 첫 번째 진료 기록에 뭔가 이상이 있다는 것으로 기록되는 것만큼은 막아야겠다는 생각에, 그 경황 없는 가운데도 "그것은 몽고반점이며, 우리 나라 사람과 같은 인종에서는 거의 모든 아기들이 가지고 태어나는 것"이라며 열변을 토했다. '몽골렌 플랙'이라는 단어를 듣는 순간 의사의 얼굴에는 안도의 빛이 돌면서 "아, 몽골랜 플랙" 하더니 그제서야 이해된다는 눈치였다. 그리고 보니 어디서 들어본 적은 있었나보다. 의사가 환자에게 한 수 배우고 있으니 좀 멋쩍기는 했지만, 신기한 현상을 제 눈으로 보고 경험할 기회가 되었으니, 이제 이 의사는 다른 경우에도 몽고반점을 가지고 태어나는 아이들을 노련한 의사들처럼 여유 있게 넘길 수 있겠지. 그러지 않아도 남편은 아이의 출생지가 '콘스탄쯔 시립 병원'으로 기재되는 것에 엄청 신경쓰여 했다. 우리 나라 사람들의 정서나 어감으로 오는 시립 병원이 먼저 떠올랐기 때문이다. 게다가 태어나자마자 잘은 모르지만 희귀한 순환 장애를 가지고 태어났다는 진료 기록까지 덧붙일 뻔했던 것을 생각하면, 지금은 웃으며 말하지만 당시는 우리에게 나름대로 급박하고 가슴 쓸어내릴 만큼 심각한 상황이었다.

　나중에 다른 한국 엄마들에게서도 이 몽고반점에 얽힌 웃지 못할 사연들을 들을 수 있었는데, 소아과에 아이를 데려갈 때마다 의사가 부모를 곱지 않은 시선으로 보더라는 것이었다. 단순히 외국인을 혐오하는 것인가 싶다가도 별로 그런 것 같지도 않아서 궁금해했는데, 그 의사는 아이 엉덩이의 퍼런 몽고반점을 그야말로 퍼런 멍자국으로 보고 아이를 학대하는 부모라는 엉뚱한 오해를 했다고 한다.

　어쨌거나 아이는 건강한 모습으로 태어나서 지금까지 별 탈없이 잘 자라주었다. 독일 병원에 입원해 있는 동안 아이는 병원 간호사들의 귀여움을 독차지했다. 독일 사람들이 가장 신기해하던 건 바로 까만 머리에 까만 눈을 가진 아이라는 점 때문이었다. 나에게는 너무나도 당연한 사실이므로 이 사람들이 왜 이렇게 호들갑인지 처음에는 잘 이해하지 못했었다. 그런데 그들이 우리 아이에게 열광하는 이유를 듣고 나니 아마 이런 기회가 아니었다면 배우지 못하고 지나쳤을 한 가지 사실을 알 수 있었다. 서

베를린에서 지하철을 타고 가는데 눈에 띄었던 광고다. 여기에는 "누가 아버지인지 확실하게 밝혀 드리는 테스트"라는 문구가 씌어 있다.

양 아이들이라고 해야 할지, 특히 독일 아이들이라고 해야 할지 모르겠지만, 독일 아이들은 태어날 때는 금발에 파란 눈으로 태어난다는 게 아닌가! 성인이 되면서 머리카락 색과 눈동자의 색이 점차 바뀌게 된다는 거다. 그러니 처음부터 까만 머리나 갈색 눈동자가 있는 것이 아니라 처음에는 모두 밝은 금발과 파란 하늘색 눈동자인데, 이 아이들이 커가면서 갈색 머리카락이나 붉은 머리카락을 가지기도 하고, 눈동자도 녹색 또는 갈색, 회색 등으로 변한다는 것이다. 물론 어렸을 적 그대로인 아이들도 있다.

서양 사람들의 눈동자 색깔을 가만히 들여다보면, 눈동자의 색깔을 어느 한 가지로 딱 잘라 말하기 어려운 경우도 많다. 어찌 보면 녹색 같기도 하고 그러면서 회색 같기도 하고 그러면서 약간 갈색 같기도 하고. 더구나 아이들이 수북한 머리카락을 가지고 태어나는 경우는 거의 없다. 머리카락이 원체 가늘어서 그런가 금발 역시 머리카락이 수북하게 보이는 경우는 거의 없었던 것 같다. 어쨌건 독일 아이들의 불문율을 깨고 어찌 이 조그만 아기가 겁도 없이 까만 머리카락에 그것도 모자라 까만 눈동자까지 가지고 태어날 수 있더란 말이냐. 비단 간호사들뿐만이 아니라 그 병원에 함께 입원해 있던 다른 산모들도 아이가 누워 있는 방 유리창을 통해서 이 신기한 생명체를 보느라고, 그 주변에는 늘 많은 사람들이 모여 있었다. 20년 전 독일 작은 시골 마을에서 일어난 일이니 지금은 사정이 많이 달라졌으리라 생각된다. 그런데 거기가 끝이 아니었다.

아이가 태어난 기쁨에 우리는 너무나 당연하다는 듯이 의사에게 아이의 혈액형을 물었다. A형과 O형의 부모에게서 태어났으니 당연히 A형 아니면 O형일 텐데, 우리는 서로 자신의 혈액형을 물려받지 않았을까 하는 기대감으로, 그리고 우리가 흔히 하듯이 이 아이가 어떤 성격을 가지게 될지 등등을 궁금해하면서 그 대답을 잔뜩 기대하고 있었다. 그런데 우리의 질문을 받은 의사의 낯빛이 확 변하는 것이었다. 더구나 옆에 있던 간호사까지도 엄청 난처해하는 것 같았다. 잠시 숨을 고른 의사는 아주 진지하고 심각한 어조로 왜 혈액형을 알고 싶어하는지를 물었다. 우리는 누구에게나 쉽게 말해줄 수 있는 당연한 것으로 받아들이고 있었기 때문에, 딱히 무슨 이유가 있어서 그런 것은 아니고, 부모가 각각 A형이고 O형인데 아이가 어떤 형일지 궁금한 것뿐이라고 대답했다.

그 이야기를 듣자 의사는 한층 더 굳어진 얼굴로 자신은 우리에게 아이의 혈액형을 말해줄 수 없으며, 굳이 우리가 그 혈액형을 알고 싶으면, 혈액형 검사를 해서 알려주는 사설 기관을 소개해주겠다고 했다. 그러면서 비용이 당시 돈으로 약 100마르크인데, 모두 우리가 부담해야 하는 것이라고 했다. 당시 우리 돈으로 한 5만 원 정도였던 것 같은데, 우리 같은 유학생 부부에게 100마르크는 엄청난 거액이었다. 지갑에 50마르크짜리 하나만 들어도 그날은 왠지 가슴 뿌듯할 정도로 거액을 들고 다니는 기분인데, 그 퍼런 100마르크 지폐를 내야 하다니, 그것도 우리가 학교 다닐 때 공짜로 받았던 그 검사를 그 엄청난 액수를 내고 일주일씩이나 걸려야 결과가 나오는 사설 기관에서 해야 한다니 믿겨지지 않았다.

의사와 간호사가 모두 당황해하던 그 정황으로 보아 혈액형을 묻지 않는 것이 독일에서는 일종의 불문율이 아닌가 생각되었는데, 친자 확인 소송과 관련된 것으로 이해되었다. 아이가 태어나자마자 부부가 각기 자신의 혈액형을 말하면서 아이의 혈액형을 물으니, 틀림없이 친자 확인을 위한 것으로 이해되었었나보다. 괜한 질문 하나로 우리는 본의 아닌 오해(?)까지 받게 된 격이었다. 분위기가 너무 썰렁해지는 것 같아서, 우리 나라에서는 서로의 혈액형을 말해주는 것이 자연스러운 일이며, 그것을 가지고 재미삼아 성격을 점쳐보기도 하는데 꽤 맞는 것 같을 때도 많다고 말해주었다. 그래서 혈액형에 따라 성격은 어떻고 맞는 직업은 어떻고 하는 식의 말들이 있다는 말까지 들은 그 의사는 그 이야기 자체를 무척 신기해하기도 하고 흥미로워하면서 급기야는 자신의 혈액형은 B형이라고 가르켜주기까지 하였다. 그러면서도 우리 아이의 혈액형은 끝까지 말하지 않았다.

우리는 독일 생활을 모두 청산하고 돌아올 때까지 우리 아이의 혈액형을 알지 못했다. 아이가 자라는 동안 수없이 소아과를 다니며 예방 접종이며 가벼운 병치레를 하였어도 혈액형을 기재한 경우는 한 번도 본 적이 없다. 한편 독일에서 혈액형을 알려고 하는 것은 친자 확인이라는 자못 심각한 사태가 될 수 있다는 사실을 알게 되었다. 최근에 베를린에서 지하철을 타고 가는데 눈에 띄었던 광고가 생각난다. 거기에는 "누가 아버지인지 확실하게 밝혀드리는 테스트"라는 문구가 씌어 있었기 때문이다. 그 동안 사태가 점점 더 심각하게 발전했나보다. 혹시라도 독일 가정을 방문하였는데, 아이들이 있다면 절대 혈액형 따위는 물어서는 안 될 것이다.

인격체로 존중하고 배려하는 자녀 교육

독일 부모들의 아이 교육 방법은 우리의 눈에는 많이 낯설게 비친다. 어쩌면 굉장히 차가운 것도 같고 정스럽지도 않아 보이지만, 찬찬히 그 안을 들여다보면 나름대로의 교육 철학이 숨쉬고 있다는 것을 알 수 있다. 독일 부모와 아이들이 성장하면서 가지는 관계는 단순히 우리의 상식에 빗대어 본 부모·자식의 관계라기보다는 '하나의 독립된 인격체로서 인정한다'는 설정에서 출발하는 것 같다. 때문에 얼핏 보기에는 우리의 정서에서 흔히 말하는 부모의 정이 느껴지지 않는 차가운 관계처럼 보이지만, 오히려 그 이면에 서로가 인정되고 존중되는 따뜻함이 있다.

나는 유학 시절 아이를 낳아 기르면서 완전하지는 않더라도 독일식 교육 방식 덕분에 아이를 키우는 일이 훨씬 수월했다고 믿는다. 여전히 한국식 정서를 버리지 못하고 있던 나는 품에서 내려놓기만 하면 귀신 같이 알고 칭얼거리는 아이를 안고 화장실도 제대로 못갈 만큼 아이에게 매달렸는데, 독일 친구들은 그런 나를 너무나 못마땅해했다. 그냥 놔두면 제 풀에 순해질 애를 두고 왜 엄마가 그렇게 쩔쩔매느냐는 것이다. 독일 엄마들은 아이가 잘 시간이라고 생각되면, 아이를 제 방에 혼자 뉘어놓고 방을 어둡게 해준 다음 그냥 두고 나온다. 아이가 잠들 때까지 기다리지 않는다. 먹이고 씻기고 이제는 잘 시간이라고 생각하면 아이의 작은 침대가 있는 방에 혼자 뉘어놓고 나와서 자신의 일을 계속한다. 아이가 칭얼거려

독일 부모와 아이들이 성장하면서 가지는 관계는 단순히 우리의 상식에 빗대어 본 부모·자식의 관계라기보다는 '하나의 독립된 인격체로서 인정한다'는 설정에서 출발하는 것 같다. 얼핏 보기에는 우리의 정서에서 흔히 말하는 부모의 정을 느낄 수 없는 차가운 관계처럼 보이지만, 오히려 그 이면에 서로가 인정되고 존중되는 따뜻함이 있다.

도 그냥 둔다. 칭얼거리기도 하고, 왕방울 만한 눈을 두리번거리던 아이는 제풀에 피곤해져서 잠이 든다. 아이가 조금 '빽'한다고 그 자리에서 만사 제쳐두고 뛰어가는 엄마는 상상도 못할 일이다.

  보통 엄마들은 아이가 아무리 어려도 아이와 나누는 대화가 마치 성인들과 대화하는 느낌이 들 정도다. 갓난아이가 그 엄마의 말을 제대로 알아들을 일도 없건만 엄마는 마치 아이가 모든 이야기를 알아듣고 있다는 듯이 이야기를 주고받는다.

  아이들을 키우면서 아침에 일어나고 잠자리에 드는 하루의 일과는 하나의 잘 짜여진 규칙과도 같다. 아이들의 텔레비전 시청 시간도 그렇다. 아이들이 시청 가능한 프로그램을 정해진 시간대에만 볼 수 있도록 통제한다. 이른 저녁 시간, 아니 늦은 오후라고 표현하는 것이 더 옳은 시간에 텔레비전에 '잔트맨헨'이라는 인형이 나와 짤막한 이야기 하나를 들려주고 은빛 가루를 뿌려주면, 아이들은 텔레비전 시청을 마치고 잠자리에 들어야 한다. 바로 이 '잔트맨헨'은 직역하면 '모래 아저씨'라는 의미인데, 아이들에게 모래를 뿌려 눈을 비비면서 잠이 들도록 한다는 이야기에서 유래한 동화 속 인물이다. 아이들은 모두 이렇게 자기에게 주어진 허락된 시간과 공간에서, 할 수 있는 것과 해서는 안 되는 것을 명확히 구분하면서 세상을 배워간다. 더러는 떼를 써보는 아이들도 있겠지만, 내가 만났던 가정에서 그런 아이들은 별로 보지 못했다. 설령 떼를 쓴다 해도 부모가 떼를 이기지 못해 아이의 뜻을 따르는 경우는 거의 보지 못했다. 아이들은 놀다가 피곤해지면 잠자리에 드는 것이 아니라 잠자리에 들도록 정해진 시간이면, 아무리 말똥말똥해도 자신의 침대로 가야 한다.

결혼하기 전 남편이 잠시 세들어 살던 독일 가정에는 아이들이 셋 있었는데, 간혹 주인 부부가 저녁 외출을 할 때면 아이들을 돌보는 베이비 씨터의 역할을 할 때가 있었다. 여름철에는 아직도 해가 기울지 않아 밖이 훤한데 잘 시간이 되면 아이들은 군말 없이 잠자리에 든다. 그 시간에 아이들이 과연 잠을 잘까 궁금해서 금방 잠이 오느냐고 물었더니 그렇지 않다는 대답이었다. 그러면 그 시간에 무엇을 하느냐고 물었더니, 아직 초등학교도 입학을 하지 않은 아이의 대답이 "잠이 오지 않기 때문에 이 생각 저 생각을 하면서 누워 있어요"라고 하는 게 아닌가.

남편이 베이비 씨터를 할 때는 아이들도 마음씨 좋은 아저씨라는 것을 알아차렸는지 아래층으로 내려와 부엌도 들락거리고 하는데, 어느 날은 주인 부부가 예정보다 일찍 돌아오는 바람에 난감해진 적이 있었다고 한다. 남편은 주인 부부로부터 "나인 nein, 안 돼"을 말해야 할 때 분명히 '나인'을 말하지 않는 것에 대해 심각하고 진지한 어조로 주의를 들어야만 했다.

그런데 '야 ja'와 '나인 nein'이 분명해지면 말하는 입장이나 듣는 입장이나 모두에게 편하다. 대신 일단 허락된 공간과 시간에 대하여는 소위 말하는 '부모의 잔소리'가 없다. 그래서 그런지는 몰라도 아이들은 상당히 자립적이다. 아이들을 자립적으로 키우면, 우선 아이를 키우는 부모가 굉장히 편하다. '편하다'라고 말하는 것은 아무것도 안 하고 그냥 방치해서 편한 것이 아니다. 오히려 부모의 역할이 반드시 필요하고 요구되는 곳에 부모가 개입한다는 점, 아이들이 스스로 할 수 있는 영역에 대한 부모들의 인정이 나름대로 상호간의 약속처럼 자유로운 보장을 받을 수 있다는 점, 자신의 영역에 대한 책임의 소재와 한계도 분명하다는 점 등이 편하다는 것이다. 서로를 인격체로 존중하고 배려하는 것이 바로 그 출발점이기 때문이다.

우리가 아이를 키우던 집은 한국식으로 하면 5층 건물의 연립 주택이었는데, 시의 보조를 받는 주택으로 지어져 일정 가구 수는 학생 부부에게 살 수 있도록 배려한 곳이었다. 5층 건물에는 엘리베이터가 의무 사항이 아니므로 엘리베이터가 없었던 이 건물의 맨 꼭대기 층에 살던 우리는 늘 계단을 오르내려야 했다. 더구나 이제 걷기 시작한 지 얼마 안 되는 아이에게 계단을 오르내리게 하는 것이 안타까워서 늘 안고 다녔다. 학교에서 집으로 돌아오면서 맡긴 아이 찾고 시장까지 좀 보고 하면, 집 아래층까지야 유모차에 아이며 짐이며 싣고 올 수 있으니 별문제가 안 되는데, 막상 집까지 계단을 오르려면 힘이 부쳤다. 게다가 등에는 책가방까지 메고 있으니.

하루는 등에 가방을 메고 한 손에는 자그마한 시장 보따리를 든 채 아이를 부둥켜안고 계단을 오르는데, 나이가 지긋하신 독일 할아버지를 만났다. 할아버지는 낑낑거리는 내 모습을 보고는 아이가 몇 살이냐고 묻고, 걸을 수 있느냐고 물었다. 그때까지도 나는 독일 사람들이 흔히 하듯이 동양 아이들이 너무 귀엽고 예쁘다는 말과 함께 나의 짐을 덜어주려나 내심 기대하면서, 그 질문에 꼬박꼬박 대답하였다. 그런데 그분은 내 짐을 덜어줄 생각을 하기는커녕, 심각한 표정으로 "제 발로 걸을 수 있는 아이를 왜 안고 계단을 오르느냐"며 힐책하듯 말하는 것이었다. 마치 '당신은 지금 너무나 바보스럽군요. 당신 자신도 바보스러운 행동을 하고 있지만, 충분히 해낼 수 있는 아이의 능력을 훈련시키지 않고 무시하여 아이까지 바보로 만드는 것입니다.' 라고 말하는 듯한 표정이었다. 시간이 걸리더라도 아이를 내려서 스스로 천천히 계단을 오를 수 있도록 하라는 말씀이었다.

　순간 당황할 수밖에 없었다. 내 짐을 좀 덜어주려니 기대했던 것에 대한 무안함과 함께 아이를 끌어안고 혼자 짐을 짊어지는 것만이 능사가 아니라는 것을 깨달았기 때문이다. 나는 아이가 어려운 걸음을 하는 것에 마음이 쓰이기도 했지만, 아이가 스스로 계단을 오를 때 걸릴 긴 시간과 그 계단을 기어오르듯 오르면서 손과 옷을 더럽힐 것도 한편으로 걱정하고 있었던 것이다. 그 할아버지 말씀대로 아이를 계단에 내려놓고 아이와 한 발 한 발 계단을 오르는데, 시간이 좀 오래 걸렸을 뿐 아이는 스스로 계단을 오르고 있었다.

　이 작은 사건은 내가 아이를 키우는 데 좋은 가이드 라인이 되어주었다. 아이가 스스로 할 수 있는 것도 우리는 단지 그 짧은 순간의 기다림을 참지 못하는 조급증이나 귀찮음으로, 아니면 아이에게 우리의 존재가 분명히 확인되기를 바라면서 아이의 기회와 능력을 빼앗는 것이 아닌가 하는 순간순간을 많이 겪었기 때문이다. 아이가 혼자 힘으로 할 수 있는 일을 부모가 먼저 나서서 해주는 것이 결코 아이에 대한 사랑이 아니라는 것을 배울 수 있었던 값진 경험이었다.

청춘의 자유 시간을 최대한 연장하는 대학생들

불과 얼마 전까지만 해도 독일은 '대학생의 천국'이었다. 학문과 지성을 존중하는 전통은 대학생들에게 자긍심을 심어주었다. 그뿐 아니라 당장 대학생으로 누리는 현실적인 이익도 만만치 않다. 당연히 대학 등록금은 거의 없다시피 하고, 학생의 신분으로 누릴 수 있는 혜택은 구석구석 엄청나게 많다. 학생이면 당연히 시중가에 훨씬 못 미치는 비용으로 기숙사에서 주거 문제를 해결할 수가 있다. 주州에 따라서는 학생증으로 지역 교통 카드까지 대신할 수가 있으며, 음악회 · 영화 · 연극 · 미술관 등이 대체로 반액으로 할인된다.

어디 그뿐이랴. 대학에 남아 있는 동안은 유쾌하고 지적인 동료 집단의 일원으로 사교 문제까지도 대폭 해결이 된다. 지금은 많이 달라졌지만, 과거엔 오직 그런 이유들만으로도 '세월아 가라' 하면서 오래오래 학창 시절을 즐기는(!) 학생들도 많았다. 심지어 20학기 즉 10년 재학을 기념하는 축하 파티를 여는 늙은(?) 학생들도 더러 있었으니까. 그러다보니 이런 친구들은 그저 무늬만 대학생일 뿐, 실은 조직 생활에 아직 구속되고 싶지 않아 생계형 아르바이트를 하며 청춘의 자유 시간을 최대한 연장하는 경우가 대부분이었다. 이렇게 되면 당연히 부모를 비롯한 세간의 눈초리는 따갑게 마련이다. 알게 모르게 누리는 대학생의 크고 작은 혜택이라는 것이 당연히 익명의 호주머니에서 나오는 교육세로 치러지는 거니까 말이다. 결국 세금을 내는 누군가가 이런 '무늬만 대학생' 의 용돈을 보태고 있는 형국이다.

영국 토종이냐 과거 영연방 출신이냐 EU 국민이냐 또는 '기타' 소속이냐에 따라 등록금을 차등 부과하는 영국과는 달리, 지금까지 독일에서는 자국 대학생들에게 돌아가는 혜택이 유학생들에게도 그대로 적용되었다. 우리도 매달 얼마 가량의 건강 보험료를 내고 몇 만원 정도의 대학 등록비를 내면 거의 공짜로 대학을 다닐 수 있었다. 소 팔고 집 팔아 천문학적인 등록금을 내본 경험이 있는 우리들에게는 도무지 계산이 안 맞는 일이다.

유학 시절 나를 아연실색하게 했던 최초의 경험들은 거의 모두 기숙사 생활에서 나왔다. 기숙사에는 대학 기숙사와 교회 등의 개별 기관이 운영하는 사설 기숙사가 있다. 그런데 사설 기숙사는 몰라도 학교 기숙사에 살 수 있는 기간은 — 정도차가 조금씩 있긴 하지만 — 수년으로 제한되어 있다. 기숙사에 방을 얻지 못했거나 정해진 기간을 다 채워 살았다거나 아님 거기가 원천적으로 싫으면 다른 길을 찾아야 한다. 이를테면 우리나라 하숙집처럼 층마다 방을 여러 개 들인 집에 월세로 살기도 한다. (독일에는 전세의 개념이 없이 다 월세다.) 아니면 친구들 혹은 애인들이, 또는 모르는 사람들이라도 두 세 사람이 세를 적당히 나누어 내면서 아파트나 빌라 같은 독채를 얻어 사는 방법이 있다. 이런 경우 빈 방이 생기면, 이미 살고 있는 사람들이 전입 희망자들을 친히 인터뷰하고 모두의 마음에 드는 한 사람을 뽑는 게 정석이다.

시끌벅적한 공동 생활이 싫은 '나홀로 족' 은 마음에 드는 지역을 골라 속 편하게 원룸을 얻고 산다. 하지만 비용은 각오를 해야 한다. 주머니 사

독일의 베를린 자유 대학교. 얼마 전까지만 해도 독일은 '대학생의 천국'이었다. 대학 등록금은 거의 없다시피 하고, 학생의 신분으로 누릴 수 있는 혜택은 구석구석 엄청나게 많기 때문이다.

정이 빠듯한 대부분 유학생들은 기숙사에 사는 것이 유리하다. 기숙사가 다른 주거 형태에 비해 운치가 없고 왕왕 시끄럽기도 하지만 말이다. 침대나 책상 등 돈 드는 큰 가구는 물론이고, '주머닛돈이 쌈짓돈'이란 원칙으로 선배들이 학교 식당에서 슬쩍 해다놓은 역사와 전통을 자랑하는 숟가락과 포크까지 갖춘 기숙사를 마다할 이유는 없다. 그러나 무엇보다 좋은 조건은 늘상 학생들을 만날 수 있는 환경이어서 독일어를 배우는 데 아주 유리하다는 거다.

　처음에야 이런 저런 선택의 여지없이 기숙사에 방을 구했다. 우리 나라 대학의 학생처 같은 부서에서 방을 나눠주는데, 예전엔 방 값이 정말로 쌌기 때문에 늘 수요보다는 공급이 모자랐다. 그래서 "갓 결혼한 친구 집에 몇 주째 얹혀 살고 있다. 그래서 하루 종일 밖에서 떠돌다 밤늦게 들어가기 때문에 밥도 못 해 먹고 제대로 씻지도 못한다"는 둥, 담당 직원에게 갖은 눈물겨운 스토리로 읍소하여 기숙사에 입성했다는 우스운 얘기들도 많다. 이렇게 방이 모자라는 건 절대적으로 많은 학생 수에 절대적으로 부족한 기숙사 탓도 있다. 하지만 자기 몫의 적법한 기간을 다 채우고나서도, 다른 학생의 이름으로 방을 얻어 계속 살고 있는 학생들도 큰 문제다. 이런 불법 거주를 이른바 '슈바르츠보넨 Schwarzwohnen' 이라 하는데, 어색하긴 하지만 직역하면 '암거주暗居住'고, 어감이 좀더 좋게 번역하면 '음성적 거주' 라고나 할까.

　아무튼 나는 운 좋게 기숙사에 들어갈 수 있었다. 하지만 이 기숙사가 꽤 낡은 데다 외국 학생들이 많이 살아 번잡하고 시끄러운 곳으로 낙인 찍혀 별인기가 없는 곳임은 나중에야 알았다. 주말이나 방학, 휴가 때면 자기 집으로 돌아가는 독일 학생들과는 달리, 유학생들은 사시사철 기숙사 외에는 갈 데가 없기 때문이다. 하지만 바로 그런 분위기 때문에 사람들이 널럴하고 크게 예민하지 않아서 우리 음식을 해먹는 데는 좋은 점이 많았다. 층마다 여러 개의 방이 있고, 가운데에 TV와 소파가 있는 공동의 거실 겸 식당과 부엌이 있었다. 그리고 화장실과 샤워장도 중간쯤에 있었다. 또 보통 기숙사 건물의 지하에는 세탁기를 여러 대 갖추고 빨래줄까지 걸린 세탁실이 있어서 부족한 게 별로 없었다.

    문제는 샤워실이었다. 대부분 기숙사는 남녀 공용이어서, 당연히 샤워실도 그랬다. 시설이 낡은 우리 기숙사 샤워실은, 입구 문을 열고 들어가면 수영장처럼 칸칸으로 샤워 시설이 있고 그 바깥쪽으로는 커튼만 처져 있었다. 기가 막혔다. '조신한' 우리 동양 여학생들에게는 이 곳에 들어가는 일이 생각만 해도 끔찍한 모험이었다. 그래서 같은 층의 한국 여학생과 짜낸 묘안이, 하나밖에 없는 입구의 문을 안에서 열쇠로 잠가버리는 방법이었다. 그렇지 않고서는 도무지 마음놓고 소기의 목적을 달성할 수 없는 일 아닌가.

    어느 날 아침 나는 편안한 마음으로 느긋하게 안에 있었다. 갑자기 문을 부수는 듯 시끄러운 소음이 들렸고, 알아들을 수 없는 악다구니에는 낯선 내 이름도 간간히 섞여 있었다. 아무튼 서둘러 나왔지만, 동방예의지국의 유학생이었던 나는 학교 갈 준비를 하는 바쁜 학생들을 거의 지각시켰다는 누명을 쓰고야 말았다. 덧붙이자면, 의외로(?) 화장실만큼은 확실하게 분리되어 있었다.

    기숙사에 사는 일은 괴롭기도 하지만 때론 즐겁기도 하다. 어디나 마찬가지로 누구랑 사느냐가 문제지 어디 사는가는 그리 중요한 문제가 아닌 것이다. 독일답지 않게 한참 덥던 어느 여름 날 비지땀을 흘리며 현관문을 향해 오던 나는 왁자지껄한 웃음소리와 함께 굉음을 들었다. 바로 몇 미터 앞에서 문을 열던 누군가에게 발코니에서 물벼락을 친 것이다. 자세히 보니 내가 사는 7층이었다. 다음 물벼락은 당연히 내 차례였다. 실랑이가 벌어졌다. 아직 말은 시원치 않았지만, 나는 손짓 몸짓으로 빨리 비키라고 했다. 그랬더니 오히려 얼른 들어오라고 야단 야단이다. 평소 얌전하여 '마드모아젤'이라는 닉네임으로 불리는 이 동양 여자가 물벼락 맞는 꼴을 기어이 보고야 말 작정이다. 꽤나 한참 동안을 밀고 당기기를 한 끝에, 그 쪽 양보를 받아내고서야 나는 집안으로 들어왔다. 하지만 그 뒤로도 몇 사람이나 더 노상 샤워를 했을까…? 그후 20년이 훨씬 넘게 지난 지금도 무더운 날 땀에 절어 아파트 문을 들어설 때는 공연스레 위를 올려다볼 때가 있다. 웬 아이들이 장난스레 물폭탄을 던질 것 같은 기분에서다. 그리고 이제는 나도 기꺼이, 유쾌하게 온 몸을 던져 장렬하게 응할 수 있을 것 같다.

아까 말했지만 우리 기숙사에는 외국인, 특히 근동 지방 학생들이 많이 살았다. 음식 냄새도 특이했고 우선 말소리나 행동이 과장되다 싶을 정도로 엄청났다. 또 자기들끼리 어울리는 것도 무척 좋아해서, 이름만 붙이지 않았을 따름이지 늘상 파티 분위기였다. 그런데 어느 날엔가는 진짜 파티를 했다. 우리 층만 아니고 기숙사 여러 동에서 대대적으로 파티를 열었다. 너무 단조로워서 얼핏 애조를 띤 것 같기도 한 선율, 그 낯선 음악을 크게 틀어놓고 밤새 시끌벅적 무엇인가를 했다. 알아듣지 못하는 외국어, 아주 단조로운 음악의 '소음'이 얼마나 괴로운가는 당해본 사람만이 안다. 대책도, 따질 수도 없이 밤잠을 설쳤다. 다음날 낮에 만난 한 아이가 시원시원 물었다. "어제 밤에 많이 시끄러웠지?" "그래, 무지." 그 다음이 걸작이다. "그럼 나와서 같이 놀지 그랬어?" 미안하다는 다음 말을 기대했던 나는 그만 무너지고 말았다.

파티 얘기가 나왔으니 말인데, 기숙사에서는 보통 일년에 한 번 크게

기숙사 방 내부. 기숙사 방이 모자라는 건 절대적으로 많은 학생 수에 절대적으로 부족한 기숙사 탓도 있지만 자기 몫의 적법한 기간을 다 채우고 나서도, 다른 학생의 이름으로 방을 얻어 계속 살고 있는 학생들이 많기 때문이다.

전체 파티를 한다. 그때는 애 어른 할것없이 동네 사람들도 와서 같이 논다. 시끄러운 파티는 경찰에 신고가 들어갈 위험이 있는 거다. 그래서 짐작하건대, 동네 사람을 자기들 축제에 불러들여 신고를 원천 봉쇄하는 묘안을 짜낸 게 아닌가 싶다. 아무튼 이날 제일 많이 하는 것이 알코올을 마시는 거고, (내 주관적 평가에 따르면) 맛없는 거 많이 먹는 거, 그 다음엔 어울려 춤추고 이야기하는 것이다. 특별한 건 없다. 하지만 몰랐던 사람도 사귀고, 평소 얼굴만 마주치던 호감 가는 사람들에게 말도 걸어보고 하는 절호의 기회다. 독일 대학들의 사이즈가 엄청나게 크다보니, 우리 대학생들처럼 '과친구'나 '동아리' 개념이 없는 독일 학생들에게는 친구 사귀는 데 정말로 호기가 아닐 수 없다.

기숙사, 하면 떠오르는 사람이 또 있다. 느즈막한 저녁이면 통제가 소홀한 우리 기숙사 1층 홀에 나타나곤 했던 퉁퉁하고 늙수그레한 아저씨다. 대부분 학생들과 얘기를 나누고 있어서 별로 눈길을 주지는 않았었다. 얼마 지나고나서야 이 아저씨가 소위 '펜너'라고 하는 — 우리 개념으로는 — 노숙자임을 알았다. 저녁에 슬며시 들어와서는 잠을 청하고 아침이면 어느새 다른 곳으로 자리를 옮겼다가 저녁엔 또 찾아드는 것이다. 사회 보장 제도가 우리와는 비교할 수 없이 잘 정비되어 있는 이 독일에서 펜너는 다 '자발적' 펜너라고 보면 된다. 자유롭고 구애되지 않는 생활에 시간까지 널럴하다는 점에서 학생들과 공유하는 점이 많아서였는지 학생들과 아저씨 사이에는 일정한 공감대가 형성되어 있는 것처럼 보이기도 했다. 학생들은 아무도 겁을 먹거나 불상사를 의심하는 것 같지 않았다. 심지어 이들은 저녁으로 밤으로 맥주 한 잔 하며 토론을 벌이는 것을 즐겼다. 나중에는 나도 한 두 마디씩 말을 섞곤 하였는데, 늘 맥주병을 끼고 반쯤 취한 꾸부정한 외관과는 달리 내용 있는 말을 조리 있게 표현할 줄 아는 '인텔리'였다.

이태 전 일본 동경의 중심지 신주꾸에서 노숙자들을 본 적이 있다. 그런데 자세히 보니 박스를 그냥 깔고 누워 있는 게 아니었다. 대형 박스의 모양을 망가뜨리지 않고 그대로 두어 바람막이 벽을 만들었을 뿐 아니라, 그 벽에 사각의 구멍을 송송 뚫어 창문의 효과까지도 세밀하게 살렸다. 심지어 커튼까지 앙증맞게 해단 '집주인'들도 있었다. 아, 역시 미니어처에 천재적인 일본 사람들이었다. 그 순간 섬광처럼 떠오른 것이 예의 그 기숙사 아저씨다. 그러고 보면 노숙자의 문화도 한 나라 문화의 큰 틀을 맘대로 벗어나지는 못하는 모양이다. 이름도 가물가물한 기숙사 아저씨도 맥주와 토론을 즐기고 '학문적 분위기'를 사랑하는 평범한 독일인이었던 것이다.

대학 졸업은 언제 어떻게 하는가

얘기를 풀어놓다보니 독일 대학생들은 놀기만 하나? 이런 의문을 갖는 독자도 많을 것 같다. 실제로 놀려고 마음만 먹는다면 독일 대학은 최적의 장소다. 최소한 지금까지는 아무도 나가라는 말을 대놓고 하지는 않았다. 교수든 행정 직원이든 대학 당국이든지 간에. 평생 교육 기관에 가까운 독일 대학에서는 '제적'의 개념이 아예 없었다. 예를 들어 독문과 국문과 몇 학기생이 일사분란하게 들어야 하는 과목이나 치러야 하는 시험이란 개념이 전무하다. 게다가 교수들도 어지간하면 "졸업 논문 써라" 이런 말은 하지 않는다. 철저히 학생들 개개인의 판단에 맡긴다. 확실한 성인 대접이다. 그런 독일도 이제 서서히 최대 몇 학기까지 재학할 수 있다는 룰을 만든다고 한단다. (앞서 말한 것처럼 현재 독일 대학 제도가 상당히 급격하게 바뀌고 있다 하니, 유학을 하려는 사람들은 정확한 정보를 따로 챙겨야 할 것 같다.)

그럼 졸업은 언제 어떻게 하게 되나? 인문학을 전공하는 석사와 박사 과정 학생의 경우를 예로 들어보자. 대부분의 전공에서는 졸업 논문을 제출하기 전까지 기초 세미나 몇 개, 심화 세미나 몇 개를 마치도록 규정되어 있다. 물론 학생들이 선택한 부전공에도 이런 규정이 있다. 위 자격 요건을 다 갖추고 논문을 완성하면, 학생은 행정 부서에 시험 등록을 한다. 이 시점이 언제인지는 학생 당사자만이 알 수 있음은 당연지사다. 공부를 하다가 이제쯤 논문 쓰고 시험을 칠 만하다 싶으면, 교수를 선택하여 서서히 준비를 한다. 졸업 논문의 주제를 선택하는 문제 역시 오로지 학생의 몫이다. 물론 이 논문 주제가 석사나 박사 논문의 주제가 될 만한지, 그리고 지도 교수가 지도할 수 있는 범주인지에 대해 교수와 상의하기는 한다.

논문이 통과되면 전공과 부전공에서 별도의 구두 시험이 있다. 보통 부전공이 두 과목이니까 모두 세 과목에서 과목당 두 세 개의 주제를 선택해 구두 시험을 치른다. 어디선가 언급했지만, 구두 시험에서는 개별 지식에 대한 질문도 더러 나오지만, 그보다는 자신의 학문적 견해를 얼마나 논리적으로 설득력 있게 피력할 수 있는가를 시험하는 자리로 보면 더 맞다.

외국인에게 이 구두 시험은 정말 혹독하다. 글을 쓰는 건 어떻게 해보겠는데 말이다. 제도에 관한 한 엄청 보수적이었던 내가 다닌 대학에서는 독문학을 전공으로 하든 독어학을 하든 상관없이 이 둘을 똑같이 공부해야 독어독문학 전공으로 인정이 되었다. 따라서 구두 시험은 실질적으로 네 과목에서 이루어졌다. 시험 전날 밤엔 정말 땅으로 꺼지든 하늘로 솟아버리든, 흔적 없이 세상으로부터 증발해버리고 싶었다. 지구가 그만 여기서 돌기를 멈춰버렸으면 하고 바라기까지 했었으니까. 시험은 모두 네 시간이 걸렸다. 그러나 마지막 시험이 끝나는 순간, 모든 시험관 교수들이 한데 모여 악수를 건네며 축하해주는 분위기는 평생 잊지 못할 가슴 설레는 장면 중의 하나라고 해도 지나치지 않으리라.

이 모든 과정에서 지도 교수의 권한은 상당하다. 그렇다고 교수가 사적인 감정으로 결과를 호도하는 일은 매우 드물다는 게 중론이다. 그러나 객관적으로 아무리 천재적인 학생이라 해도 교수와의 견해차가 좁혀지지 않으면 영원히 '학문적 미아'가 되어 졸업하지 못하는 '비극적' 경우도 아주 가끔씩 있다고 한다. 그 대단하다는 독일 교수와 감히 일대일로 맞장 뜰 자신이 있다면, 그것도 꽤나 짜릿한 일이겠다. 하지만 그 쾌감을 맛보기 위해 치러야 할 대가는 너무 큰 것 아닌가.

특히 유학생의 성공 여부는 지도 교수에 달려 있다고 해도 과언이 아니다. 몇 년을 맴돌아도 정말 아무런 간섭도 안 하는 교수에 익숙한 우리 학생들이 몇이나 될까. 그것을 맹목의 자유로 착각하거나 교수의 방관이라고 오해하면 아무 일도 안 된다. 홈볼트는 학문의 세계가 '고독'하고 '자유'롭다 했던가. 학생들을 향해 무념무상인 것같이 보이는 교수도 나름대로 생각이 많다. 단지 대학 분위기에서 오랜 시간 형성된 불문의 법칙에 따라 그렇게 행동하는 것뿐이리라. 이런 상황에서 20학기 기념 파티가 '성대히' 이루어지는 것도 놀랄 일은 못 된다.

그렇다면 근엄하고 엄격한 교수란 아무 인간미 없는, 그저 멀기만 한 존재일까? 박사 과정 지도 교수는 '독터파터Doktorvater'라 불린다. 박사 Doktor와 아버지Vater를 합성하여 만든 단어인데, 직역하면 '박사 아버지'다. 아버지가 박사라는 뜻은 물론 아니다. 박사가 되도록 키워주는 '학문적' 아버지란 의미다. 참 좋은 말이다. (물론 지도 교수가 여성인 경우엔 독터무터Doktormutter라 하지만, 이는 사전에 실리는 공인된 단어는 아니다.) 어느 정도 의미가 상응하는 우리 나라 말로는 '사부師父'가 제격인 것 같다. 그러나 '아버지'란 단어는 아주 광범위하게 적용될 수 있는 말이다. 말하자면 교수는 지도 학생의 학문적 문제에만 관여하지 않는다. 이상적인 경우 '박사 아버지'는 심리적으로나 경제적으로 어려움 없이 학업을 끝까지 진행시킬 수 있도록 보살펴준다. 장학금이나 학교 내 일자리도 알선해주고, 정신적인 문제까지 조언해주는 경우도 있는 것이다. 그렇다고 '심부름' 시키는 일도 없고, 나중에 돌봄에 대한 대가를 바라는 일도 없다.

나의 지도 교수는 평소에 대하기 그리 쉬운 분은 아니셨지만, 꼭 두 번은 예외였다. 구두 시험이 끝난 후 어디서 어떻게 갑자기 마련하셨는지 독일서는 보기 힘든 커다란 꽃다발을 내게 안기셨다. 그리고 독일을 떠나오기 얼마 전 내 귀국 파티에 참석하셨을 때였다. 친구들과 함께 오셔서 졸업과 귀국을 축하하는 의미 있는 연설을 해주셨다. 그 말씀에는 나 자신도 세세히 기억하지 못하던 에피소드들도 담겨 있었다. 그리고 한 권은 당신, 다른 한 권은 사모님의 선물이라 덧붙이시며, 시를 전공한 제자에게 두 권짜리 독일 대표 시선을 선물해주셨다. 나중에 발견한, 씩씩하고 독특한 필체의 편지 두 장도 들어 있었다.

이 분은 교수란 과연 어떠해야 하는가를 내게 몸소 보여주신 분이시기도 하다. 은퇴하시기 전, 한국과 일본을 방문하셔서 이곳의 제자들과 처음 '사적'으로 보내신 얼마 간의 시간이 귀한 여운으로 남아 있다.

부록

- 낯선 독일에 드리운 우리의 얼굴, 이미륵과 윤이상
- 파독 한국인 근로자, 그들이 우리에게 남긴 숙제

낯선 독일에 드리운 우리의 얼굴, 이미륵과 윤이상

　이미륵과 윤이상, 이 두 삶을 하나로 묶어주는 공통 분모가 있을까? 독일에서 살았다는 것, 그것도 반생은 조국에서, 그리고 그만큼 아니면 그보다 더 긴 시간을 외지에서 보내야 했다는 것, 또 탁월한 예술가였으며 조국에서보다 독일에서 더 자기 예술 세계를 인정받았다는 것, 자신의 이름을 건 협회를 사후에 그 곳에 남겼다는 점들이 우선 떠오른다. 그러나 좀더 가까이서 들여다보면, 정치 사회적 주변 환경으로 인해 자의 반 타의 반으로 보통의 동시대인들과는 다른 삶의 궤적을 선택하게 되었다는 데서 이들은 서로 더한 친화력을 보여주고 있다.
　때맞추어 나와준 김병종 화백의 세 번째 『화첩 기행』은 독일 하늘 아래서 이미륵과 윤이상, 그리고 전혜린의 흔적을 한번 따라가보고 싶은 사람들에게 섬세한 그리움을 전해주고 있기에 고맙다.
　1995년 11월 3일 윤이상이 타계하기 전만 해도 그는 우리같이 평범한 사람들에게는 음악가라기보다는 국외 통일 운동의 대표적 인물이자 친북 인사로 더 알려져 있었기에, 투쟁적인 전사의 이미지가 한층 더 강했던 것은 사실이다. 그리고 생전에 그만큼 정치적으로나 개인적으로 오해와 엇갈린 평가에 시달렸을 예술가도 드물었을 테다.
　하지만 의심의 여지가 없는 사실은, 그가 동양인으로서, 그것도 서양음악의 메카라고 자부하는 독일에서 특별한 음악적 반향을 얻으며 국제적인 명성을 구축했다는 거다. 혹자는 그의 음악적 성공이 정치적 요인에서 비롯된다고 폄하하기도 하지만, 이미 59년 다름슈타트에서 발표한 '일곱 개의 악기를 위한 음악'이 대대적인 주목을 끈 것을 보면 그의 음악적 독보성은 이론의 여지가 없다고 봐야 하지 않을까. 그와 북한 당국의 정치적 연루설은 1967년 동베를린 사건에서 비로소 수면 위로 떠오르게 되니까 말이다. 이 사건에 대해서는 2006년 1월 언론을 통해 과거사 진실 위원회의 결과가 이미 발표되었으니 여기서는 그냥 지나치기로 하자.

한 가지만 덧붙이자면, 그가 67년 공산주의자라는 혐의를 받아 비밀리에 조국으로 강제 송환되었을 때 일이다. 이고르 스트라빈스키와 카라얀을 주축으로 하는 200여 명의 유럽 음악인들은 한마음이 되어 우리 정부에 그의 강제 송환과 수감을 항의하는 탄원서를 낸 적이 있다. 이들 중에는 조르지 리게티, 칼 하인츠 슈톡하우젠, 오토 클렘퍼러, 한스 베르너 헨체, 하인츠 홀리거 등 당대 쟁쟁한 음악인들이 있었고, 이 항의성 문건은 그가 집행 유예를 받고 — 비록 추방의 형태긴 하지만 — 석방되는 데 적지 않은 도움이 되었다. 하지만 음악인 동료들의 우정 어린 '도움'은 윤이상의 정치적 견해의 옳고 그름을 넘어선, 그것과는 상관없는 지지였다. 이들 음악가가 진정으로 이루기 원했을 것은 어떤 구체적·정치적 유토피아가 아니라, 어떤 상황에서도 방해받아서는 안 된다는 예술가의 실존적 자유였기 때문이다. 그들은 예술가의 창작의 자유와 정신적 자유를 구속하는 행위를 비판하면서, 넓은 의미에서의 인권의 문제를 우리에게 던져준 것이다.

아무튼 그의 음악에 대한 서방의 평가는 아주 호의적이다. "그가 서구 문화와 음악에 대한 강한 관심을 가졌음에도 불구하고, 항상 그의 문화적인 뿌리에 강하게 얽혀 있었다"거나 서양의 음악을 단순히 모방하기보다는 "오히려 동양의 미학을 서구에 알리기 위해서 '자신의' 음악을 서구의 기법과 악기로 표현하고자 했다"는 점도 서양인들에게는 매우 감동적이었을 것이다. 그러나 무엇보다도 이 모든 낯설고 이질적인 것을 극복하고 하나로 아우르는, 그의 음악이 가지는 휴머니티는 서양인들에게 특별하고 신선한 경험으로 다가왔을 것이다.

이런 감동과 매혹이 있었기에, 그가 세상을 떠나자 친구들과 제자들은 '베를린 윤이상 앙상블'이라는 실내 악단을 구성하는가 하면 윤이상 협회도 만들었다. 특히 그가 세상을 떠난 지 10주기가 된 2005년에는 우리가 그해 주빈국이었던 프랑크푸르트 도서전과 베를린 아시아 태평양 주간에 맞추어 윤이상의 음악이 소개되었다.

국내의 윤이상 관련 행사는 그 사이 산발적 행사에서 조직적이고 계획적인 행사로 변모되어가는 모습을 보여왔다. 반가운 일이다. 1982년 대한민국 음악제에서 '윤이상 음악의 밤'이 열린 후 별다른 진전이 없다가, 그가 타계하기 2년 전인 1993년 그의 음악이 해금되면서 속속 공연이 이어지게 된다. 우선 1994년 9월 서울, 부산, 광주 등에서 예음 문화 재단이 윤이상 음악 축제를 기획·공연한 것이다. (윤이상은 정부와의 갈등으로 참석하지 않았고, 추방된 이후 고국의 땅을 다시 밟지 못한 채 이듬해 세상을 떠났다.) 가장 중요하고 지속적인 행사로는 통영 국제 음악제가 있다. 1999년 '윤이상 가곡의 밤'에서 출발하여 '통영 현대 음악제', '통영 국제 음악제' 등 이름이 몇 번 바뀌긴 했지만, 그 규모와 조직도 계속 발전해나가고 있다.

윤이상에 대한 오해, 즉 정치적 이유 때문에 음악이 '과대 포장' 되고 음악적 무게로 인해 정치적 지지를 받는다던 오해는 그 자신에게서 비롯된 부분이 있다. 교향시 '광주여 영원하라', '나의 땅 나의 민족이여', '화염에 휩싸인 천사와 에필로그' 등의 제목은 정치적 색채를 가늠하게 하는 단서가 되니까 말이다. 물론 그보다 더 많은 작품들은 아주 단순하거나 중립적인 제목을 가지고 있기는 하다. 더욱이 베를린 사건으로 인해 수감·석방되고 나서 1971년 서독으로 귀화한 뒤 '한국민주민족통일해외연합'의 유럽 본부 의장으로 본격적인 활동을 펼치며 북한을 '자유로이' 왕래하지 않았던가.

그래서인지 윤이상을 둘러싸고는 늘 남과 북이 보이지 않는 경쟁 관계를 이루고 있는 듯한 인상을 받는다. 북한은 1982년부터 매년 윤이상 음악제를 개최해왔고, 그 무렵 윤이상 연구소와 윤이상 관현악단도 설립했는데, 연구소는 현재 부인 이수자 여사가 관리한다고 한다. 그런가 하면 CJ 엔터테인먼트에서는 그에 관한 영화에 착수했다고 한다. 루이제 린저와의 대담식 자서전 타이틀인 '상처받은 용'이라는 똑같은 제목으로 말이다. 북한 현지 촬영은 물론이고, 영화에 삽입되는 윤이상의 음악들은 이를 전문적으로 연주해온 북한 윤이상 연구소 소속 관현악단이 직접 연주하고 출연하도록 계획하고 있다 한다. 2005년에는 10주기를 기념하여 윤이상 평화 재단도 출범했다. 그리고 "윤이상을 기리는 문화 사업을 통해 남북 문화 교류의 발판을 마련하겠다"는 초대 이사장의 발언이 있었다.

역사적 의미를 지닌 '큰' 음악가였던 만큼, 그를 기리는 많은 사업들은 얼마든지 환영받고 지원받아야 마땅하다. 하지만 워낙 생전에 정치적 논란의 중심에 있었던 그의 상황을 고려할 때 정치화 위험이 노출되지 않도록 하는 주의도 필요할 것 같다. 남한과 북한의 '윤이상 줄다리기'보다는, 엇나갔던 그와의 관계가 화해될 수 있는 길을 우리 나름대로 진정성을 가지고 모색했으면 한다.

'예술을 통한 통일'이라는 의도적 작업이 과연 근본적으로 가능할까 하는 조심스러운 질문도 나름대로 타당한 이유가 있다. 정치는 개인의 영역과는 별개의 아주 단호하고도 집요한 몇몇 권력자들의 흥정이며, 또 실행 과정에서도 많은 합리적 타협을 거쳐가야 하는 과정이기 때문이다. 그런 점에서 윤이상은 낭만적 이상주의자였다고 해도 좋을 것 같다. 분단의 상황을 문화와 예술을 통하여 화해로 이끌 수 있다고 생각했기에 말이다.

독일 통일의 과정과 결과는 우리에게 많은 것을 시사한다. 일부 서독의 작가와 지식인들은 통일 자체, 그리고 흡수식 통일을 더더욱 반대했다. 자본주의화되지 않은 구동독에는 아직도 지탱해갈 사상의 유토피아가 남아 있다는 거였다. 하지만 구동독의 답답한 삶의 형편을 전혀 고려하지 않은, 좋은 상황에서 자유를 누렸던 일부 지식인들의 견해가 과연 당사자였던 동독 시민들에게는 어떻게 비춰졌을까?

독일의 통일은 전혀 예기치 않은 시기에, 예상치 못한 방법으로 이루어졌다. 동독 주민들의 줄이은 국경 이탈이 발단이 되었던 것이다. 동유럽으로 빠져나간 이들이 그 곳 국가의 서독 대사관으로 하나 둘 망명을 요청하면서, 무너진 둑처럼 동독의 국경은 의미를 잃게 되었다. 이와 병행해서 동독의 라이프치히 성 니콜라이 교회에서는 연일 촛불 예배와 시위가 벌어졌다. 결국 호네거 정부는 백기 투항을 하기에 이른다. 이 과정에서 정치적 계산이 있었더라면 통일은 오히려 무위로 돌아가고 말았을 것이다.

통일을 원하든 원치 않든, 이것은 낭만적·민족적 이상주의로만, 혹은 정치적 계산으로만 해결할 일은 아니라는 것을 독일은 우리에게 보여주고 있다. 단순히 '두 사람'의 화해와는 다른 차원의, 훨씬 더 미묘하게 얽혀 있는 복잡한 실타래를 풀어가는 과정이라는 것이다.

자기 의사와는 상관없이 윤이상은 오랫동안 우리 나라에 버거운 존재가 되어 있었다. 그것은 그 스스로 그리고 우리의 상황이 그를 그렇게 만들었기 때문이다. 그리고 그것을 그는 극복하지 못한 채 세상을 떴다. 그러나 음악가 윤이상이 우리에게 남겨준 것은, 이 분단 상황의 해결 방법이 아니라, 해결과 극복에 대한 성찰의 방식이다. 그것이 분명한 이상, 지금 우리에게 필요한 것은 그의 음악을 정치로부터 자유롭게 하는 그런 프로젝트가 아닐까.

늘 정치적 논란과 그로 인한 스포트라이트에 휩싸였던 윤이상에 비하면 이미륵은 특이하게 조용한 삶을 살았으며, 사후에도 그의 안식은 고요하다 못해 적적하기까지 하다. 그의 이름을 언제나 수식하는 소설 『압록강은 흐른다』가 그에게는 거의 유일한 화두일 뿐이다. 우리 나라 사람이 쓴 소설에 왜 한국어 번역자가 따로 필요한지, 그리고 이 소설이 독일의 교과서에 실렸다는 사실 외에 더 많은 것을 알고 싶어하는 사람들은 그리 많지 않다. 그런 평이한 소설 제목이 갖는 의미가 무엇인지, 그리고 그의 소설 밖의 인생에 대해…, 이런 것들에 대해 이제는 좀더 진지하게 물어볼 때가 되지 않았을까.

　이미륵은 구한말 1899년 해주에서 출생하여, 몸이 유독 약한 것을 빼고는 당시의 보통 사람들처럼 평범한 인생을 보냈다. 그의 인생이 이런 궤도를 벗어나게 된 것은 1917년 경성의전에 입학하여 공부하던 중 3·1운동에 가담했다가 일경에 쫓기게 되면서부터였다. 그는 결국 압록강을 건너고 상해와 빠리를 거쳐 독일로 돌아올 수 없는 망명길에 오르게 된다. 뷔르츠부르크 대학과 하이델베르크 대학에서 의학을 공부하다가 전공을 바꾸어 1928년 뮌헨 대학에서 동물학 박사 학위를 취득한다. 그 뒤 1947년에서 49년에 걸쳐 뮌헨 대학 동양학부에서 한학과 한국어를 강의했다고 하나, 공부를 마친 직후 2년여 서예 지도를 한 것 외에 그가 자신의 전공을 가지고 어떤 직업에서 어떻게 일하며 살았는지는 그리 두드러지지 않는다. 그리고 한국인으로는 아주 드물게 체험했을 히틀러 치하의 국가사회 민주주의에 대해서도 그는 어떤 남다른 기록도 남기지 않았다. 아니면 알려지지 않았을 따름일까…?

　하지만 그가 독일에 정착해서도 나라를 위하는 일에는 어떤 기회라도 놓치지 않았던 애국 청년이었음을 알려주는 기록은 남아 있다. 그는 다른 유럽 유학생들과 함께 1927년 브뤼셀에서 열린 세계 피압박 민족 회의에 한국 대표단의 일원으로 참여하였다. 이들 대표단이 배포한 자료집 '한국의 문제'는 독립을 상실한 우리의 실정을 국제 사회에 호소하기 위한 취지로 만들어졌다. 그중 이미륵의 친필이 담긴 샘플이 지금 독립 기념관에 보관되어 있다고 하니 얼마나 다행한 일인지 모른다.

　그가 본격적으로 창작에 몰두한 것은 1931년부터이다. 동양의 전통적 정서와 서정성이 물씬 묻어나는 글들을 쓰고 발표하면서, 43년에는 '월요 콜로키움'이라는 문학 서클을 만들어 운영하기도 했다고 한다. 전쟁 중이었던 당시 독일 상황을 생각하면, 그로 하여금 이 와중에도 문학에 침잠하게 만들었을 개인적·사회적 배경들이 자못 궁금해진다. 아무튼 생전에 그는, 인간 이미륵보다도 우리에게 더 많이 알려지게 된 『압록강은 흐른다』외에도 『무던이』, 『실종자』, 『탈출기』, 『그래도 압록강은 흐른다』등의 소설을 남겼다.

『압록강은 흐른다』는 이미륵의 자전 소설이다. 그의 어린 시절인 구한말에서 일제 침략기에 이르는 격동기에 일상에서 일어나는 일들을 시종 정적인 시선으로 묘사한 소설이다. 구교육과 신교육의 갈등, 구시대 질서와 새로운 질서의 보이지 않는 충돌, 외세의 지배를 받던 민족의 설움 등 좌절과 도전, 혼돈을 묘사하면서도 인간과 삶에 대한 절망을 말하지 않는다. 이 책은 1946년 뮌헨의 유력한 출판사 피퍼에서 출판되었는데, 당시 리뷰에 "올해 독일어로 출간된 서적 중 가장 훌륭한 작품"이라는 평가를 받았다고 전해진다. 아마도 극도의 혼란과 절망의 상황에서, 진정한 휴머니즘의 동양적 시선과 인간에 대한 애정을 그로부터 느낄 수 있어서가 아니었을까. "베개로나 쓸 것 같은 딱딱한 독일빵을 씹으며, 흰 쌀밥 같은 글을 적어내리고 있는 한 남자의 모습이 자꾸만 문장 틈으로 떠올랐다"고 고백하는 어느 작가의 말에 공감이 간다.

우리에게 이 소설은 한 개인의 역사를 담은 문학 작품이면서도, 동시에 시대의 기록으로서 민족사적 가치를 지닌다. 지금 이 소설이 새삼 눈에 들어오는 까닭은, 그의 문학에서 드러나는 세계와 정신이 이제는 우리에게도 사라지고 잊혀진 현실이 되어버렸기 때문일지도 모른다. 과거에 독일인들이 그의 작품을 읽고 느꼈을 정도까지는 아니라 하더라도, 미지의 세계에 대한 동경과 상실에 대한 슬픔, 그리고 포기할 수 없는 희망과 회귀 본능을 느낄 수밖에 없도록 우리를 자극하는 책이 되었다. 그럴 정도로 긴 세월이 흘렀다.

일견 평이해 보이는 제목 속의 '압록강'은 분리 또는 이별의 무대를 상징한다. 강물은 계속 흐르고, 그 흐름으로 인해 그가 떠나온 세계와 그가 현재 속한 세계는 분절될 수밖에 없기 때문이다. 이 나뉜 공간이 그의 삶에서 다시 하나가 될 수 없다는 것을 예감이라도 한 것처럼 그는 이런 제목을 붙였을까. 아니면 공간적 이별이라기보다는, 우리가 지금 체험하고 있는 시간적 상실을 의미한다고 보는 것이 더 타당할까. 그는 대답이 없다.

지난 1999년 그의 탄생 100주년을 기념하는 의미 깊은 행사들이 많았다고 전해진다. 그나마 행사라도 있어 다행이라 생각할 수도 있겠지만, 썰물 빠져나가듯 팜플렛만 남는 행사는 이제 지양되어야겠다. 그런 의미에서 문학이 업인 나 자신 더욱 부끄러움을 느낀다. 그의 작품에 대한 보다 진지한 연구, 특히 이에 대한 비교 문학적인 접근 등 좀더 장기적인 후속 조처가 어느 때보다 절실하다. 독일에 뿌리내린 한국인 2세들이 너무나 많다. 이들이 또 다른 이미륵이 되어 우리 삶의 정서를 아름다운 독일어로 담을 수 있게 되기를 기대해본다.

어느 학생은 이미륵 때문에 꿈 하나를 갖게 되었다고 했다. 그 꿈은 이미륵이 그랬던 것처럼 북한에서 중국, 러시아를 경유해서 유럽으로 꼭 한 번 가보고 싶다는 거다. 그러고 보니, 이미륵과 윤이상이 공유하고 있는 또 한 가지가 방금 떠올랐다. 바로 그들은 세계와 세계 사이의 막힌 담을 헐고자, 그리고 그 이별로 인해 생긴 상처를 치유하고자 했던 것은 아닐까.

파독 한국인 근로자, 그들이 우리에게 남긴 숙제

2005년 초 베를린에 잠시 머물 때였다. 혼자 할 일이 그리 마땅치 않은 여행 중의 저녁 시간을 위해 이 도시에 도착하는 대로 늘 음악회 표를 몇 장씩 예약해놓곤 했었다. 그날도 그렇게 나는 베를린 필에 앉아 있었다. '리하르트 슈트라우스 기념 주간' 시리즈 중 하나였다. 소설책 한 권까지 치밀하게 챙겨간 나는 꽤 긴 인터미션을 빈 객석에서 때우고 있었다. 어느 순간 바로 옆자리에 앉아 있던 동양인이 말을 건넸다. 때로는 그것이 편해서 같은 동양인끼리 나란히 자리잡고 앉았지만, 국적 확인을 생략한 채 우리는 생뚱맞게 따로 음악을 즐기고 있던 차였다. "한국에서 오셨어요?" "아, 네." "한국 책을 읽고 계시길래요." "아, 네." 이렇게 우리는 대화를 시작했다. 늘 그렇게 풀어가듯이 말이다. 미세스 리라는 그 분은 70년대 간호사로 독일에 와서 근무를 하다가, 따로 대학에서 공부를 마친 뒤 연구원으로 재직 중이었다.

연주 곡목을 미리 집에서 예습하고 왔다는 그녀, 혼자만의 시간을 정말로 집중해서 홀로 즐길 줄 아는 여백의 열정이 부러웠다. 매일매일이 팍팍하고, 또 그런 '별다른' 일에 늘 주머니 사정을 고려해야 하는 우리네 환경에서는 아직은 머나먼 얘기이기 때문이다. 한국에서 살고 싶지 않느냐는 물음에 그녀는 해독하기 어려운 미소와 함께 답했다. "글쎄요, 우선 생활비가 너무 많이 들고, 시끄럽고, 이런 문화적 혜택을 포기해야 되고

요…. 지금 자리를 옮기는 건, 글쎄요… 애들이 있는 사람들은 더더욱 교육 문제 때문에라도 꿈도 못 꾸죠." 나는 이유 없는 부끄러움을 느꼈다. 그녀의 눈에 비친 나는 어떤 사람일까? 그보다 훨씬 풍요로운 시대에 태어난 혜택을 받은, 운 좋은 동포일까?

아무튼 그날따라 지휘자의 얼굴을 마주보는 무대 뒤쪽 자리를 차지했던 우리는, 음악이라기보다는 효과 음향에 가까운 소리를 내는 악기 같지 않은 악기들의 신기한 모습들을 가장 가까이서 즐기는 기쁨도 함께 누렸다. ('알프스 심포니'에는 자연의 소리를 음악으로 재현하는 부분에서 일반 고전 음악에서는 아주 드물게 사용되는 악기들이 많이 등장한다.) 그 넓은 필하모니 홀에서 그것도 바로 옆자리에 앉아, 게다가 상대방의 이름 두 글자를 거꾸로 가진 인연을 확인한 우리는 다음을 기약하면서 헤어졌었다. 비슷한 시기에 그만그만한 이유로 고향을 등졌을 이런 '그녀들'에 대한 기억을 떠올리는 것은 애초 이 책에 포함되지는 않았던 부분이다. 그런데 미세스 리와 필하모니가 갑자기 떠오른 것이다.

참 다행스런 일이다. 한국인으로서 독일을 떠올리면 빼놓을 수 없는 이름이 하나 있다. 그런데 이 이름이라는 것은 고유한 개체를 칭하는 것이 아닌, 수천수만의 인간 집단이 만들어낸 '하나'의 특이한 이름이다. 그리고 다행이라 함은, 이들을 기억해주는 일이 바로 이들에게 자신의 이름을 돌려주는 일이 아닌가 싶었던 까닭이다.

우리 이주 노동의 역사는 구한말 만주 및 연해주 지역과 북남미 플랜테이션 지역으로 이주한 시점으로 거슬러 올라간다. 다음으로 1960년대 이후 서독으로 광부와 간호사들이, 이어 중동으로 건설 노동자들이 대규모로 진출했다. 하지만 어느 경우든 우리 이주 노동자들은 단순히 경제적 가치로만 계산될 수 없는 소중한 것으로 조국에 헌신했다. 무엇보다 초창기 이주 노동자들은 일제에 대항하는 독립 운동의 근거지가 되어 나라를 세우는 일을 직간접적으로 이끌었고, 그 후로는 한민족의 구심점 역할로 그 의미를 유지해오고 있기 때문이다. 그리고 서독 및 중동에 진출했던 노동자들은 우리의 근대화 과정을 말 그대로 피와 땀으로 지원했던 밑거름이었으며, 한반도라는 매우 생소했던 나라의 문화 전통을 그 곳에 심어준 이들이다.

서독에 광부와 간호사들이 파견된 것이 1963년 12월 22일부터였으니, 휴전 후 10년밖에 지나지 않은 멀고 먼 옛날 일이다. 당당히 세계 11위 경제 대국으로 우뚝 선 지금 젊은이들은 상상도 못하겠지만, 당시 우리 나라는 자원도 기술도 돈도 없는 극빈국 중 극빈국이었다. 120여 개 유엔 가입국 중 인도 다음으로 못사는 나라였다고 한다. 필리핀의 국민 소득이 170불, 태국이 220불 가량이었을 당시 한국은 76불에 불과했고, 23%의 실업률을 자랑(?)했으며, 그때 국내 최대의 공장은 충주비료공장, 제일모직, 제일제당 정도가 고작이었다니 말이다. 1964년에야 '대망의' 국민 소득 100달러를 달성했으니, 이 귀중한 100달러를 만드는 데 크게 이바지한 이들이 바로 파독 노동자들이었을 거라는 계산이 쉽게 나온다. 이들이야말로 우리 나라 산업 근대화에 불을 지핀 '1인 기업인' 들이었다. 실제로 어느 통계에 따르면 67년에는 수출 총액의 36%가 광부들이 번 돈이었다고 한다.

5·16 뒤 박정희 소장은 여러 가지 목적을 가지고 백악관을 방문했지

만 혁명 세력을 인정하지 않았던 미국과 케네디에게 문전 박대를 당해야 했다. 끝내 그를 만나주지 않았을 뿐 아니라 그 여파가 더욱 문제였으니, 가난한 한국에 돈 빌려줄 나라를 찾기가 더더욱 어려워졌던 것이다. 그런데 '구원'은 다른 곳에서 왔다. 같은 분단국인 서독 정부가 한국에 상업 차관 1억 5,000만 마르크 미화로 3,300만 달러를 빌려주는 대신 지급 보증을 해달라고 요구했다. 그러나 거의 세계 최고 극빈국에 보증을 서줄 나라는 어디에도 없던 차, 정부는 완전 고용에 이른 독일이 필요로 하는 우리 노동력 즉 광부와 간호사를 보내는 묘안을 찾게 된다. 이들의 월급을 담보로 달러를 빌리게 된 것이다. 1962년 10월 서독으로부터 최초로 들여온 이 1억 5,000만 마르크로 시작된 독일 정부 차관은 1982년까지 총 5억 9,000만 마르크에 이르렀으니, 파독 한인 근로자들은 — 직접 송금은 차치하더라도 — 우리 나라의 산업화 과정에서 꼭 필요한 '경제적 젖줄'이었다고 해도 틀린 말이 아니다.

처음 고졸 출신 광부 500명을 모집하는 데 4만 6,000명이나 몰렸다는데, 그들 중 실제 광부는 소수에 불과했고 정규 대학을 나온 학사 출신도 수두룩했다. 말 그대로 '백수'라서 면접에 떨어질까봐 연탄 가루를 손에 묻히는 등 일부러 거친 손을 만드는 수고를 마다하지 않고 독일로 독일로 향했던, 자칭 '잃어버린 세대'였던 그들. 그들은 대개 광복과 6·25, 4·19, 5·16 등의 격동적 사건이 줄을 잇던 시기에 유년기와 청소년기를 힘겹게 보내야 했던 불운하기 짝이 없는 세대였다. 일부는 대학을 졸업해도 마땅한 일자리가 없던 60년대에 탈출 또는 도피의 방편으로 '독일행'을 선택하기도 했다. 하기사 '국가의 명예'를 짐 지워 광부로 위조해서 내보낸 '배운 사람들'도 한 둘이 아니라 했다. 비슷한 즈음 남미 이민 때도 이런 비슷한 일들이 있었다.

얼마 뒤 서독 뤼브케 대통령은 박대통령을 초청하게 된다. 그러나 비행기가 문제였다. 쿠데타 정부에게 비행기를 빌려줘서는 안 된다는 미국 정부의 압력 때문에 노스웨스트사와의 임대 계약이 일방적으로 취소되어버린 것이다. 이 소식을 들은 독일 측에서 빌려준 국빈용 항공기를 타는 우여곡절 끝에 박대통령은 독일 방문길에 오른다. 1964년 12월 7일부터 15일까지의 일이었다.

박대통령이 12월 10일 아침, '라인 강의 기적'의 현장 중 하나인 루르지방의 한 탄광 회사에서 강연했을 때의 일화는 아직도 인구에 회자되는 가슴 찡한 기억으로 남아 있다. 이 맥락에서는 모든 정치적 견해를 잠시 접어둘 필요가 있다. 그때 대통령 부부와 간호사 광부들의 만남이 이후 우리 경제 노선에 큰 영향을 준 것만큼은 사실이다. 박대통령은 직접 방문했던 세계적 기업인 '지멘스'와 'AEG', 그리고 광활한 독일의 평원을 거미줄처럼 잇는 고속 도로 '아우토반'에서 강렬한 인상을 받았다. 나의 개인적인 추측이긴 하지만, 패전 후 20년이 채 지나지 않은 짧은 기간에 믿을 수 없으리 만치 훌륭하게 재기한 독일에서 휴전 11년째인 나라의 대통령은 일종의 '희망'을 보았고, 또 거부할 수 없는 '도전'도 느꼈으리라. 아무튼 귀국 후 박대통령은 철강 산업 없이는 결코 선진국을 넘볼 수 없다는 신념으로 포항제철 등 중공업 육성에 박차를 가했고, 또 반대가 만만치 않았던 경부 고속 도로 건설까지 관철시켰다 하니, 여러 가지 의미에서 독일은 그 어느 나라보다도 우리의 산업화 과정과 아주 밀접한 관계를 맺고 있는 셈이 된다.

고생스러웠던 옛날 이야기를 곱씹는 것이 젊은이들에게는 기성 세대들의 꾸중이나 불만으로 비쳐질지는 모른다. 하지만 지하 수천 미터, 섭씨 35도 이상의 갱도 안에서 8시간씩의 중노동을 견뎌야 했던 과거를 가진 사람에게 그 과거는 더 이상 털어버릴 수 없이 체화된 육체의 한 부분이리라. 『교수가 된 광부』의 저자인 권이종 교수는 그 분위기를 이렇게 생생하게 기록했다. 작업이 끝나면 "온 몸과 작업복은 땀과 먼지, 석탄 가루가 뒤범벅이 되어 축축하게 젖어 있고 쾨쾨한 냄새마저 풍긴다. 장화 안은 땀으로 철벅댄다. 땀이 흥건히 밴 속옷을 몇 차례씩 쥐어짜기도 한다. 온 몸이 땀과 석탄 가루로 범벅이 되어 목욕을 하기 전까지는 누가 누군지 구분할 수 없다." 그런 그들에게 과외의 일과로 주어진 것은, 깜깜한 막장 안에서 죽음에 대한 막막한 두려움을 이겨내야 하는 신산한 '과제'였다.

이들 광부의 이야기에 오버랩되는 것은 우리 간호사들이었다. 위기의 시기에는 언제나 감동 그 자체인 여성들의 이야기가 있었으니, 우리에게도 예외는 아니었다. 역사의 화려한 무대에서는 늘 소외되어왔지만, 수치스런 역사에서는 가진 것 이상의 힘과 열정을 발휘했던 여성들이다. 독일에서도 광부보다 훨씬 더 많은 수의 간호사들이 힘에 부치는 '시대의 몫'을 감내하고 있었다. 온 식구의 대들보이자 희망이었던 이들 해외 근로자의 이야기는 역사 속에만 머물지 않는다. 한 사람 한 사람의 '썩어지지 않은' 일기는 고달픈 과거로부터 분리되어 하나의 문화 아이콘으로 등장한 지 벌써 오래다. 다양한 예술 분야를 통해 시대의 후미진 기록으로 역사의 영역을 훌쩍 넘어서 있는 것이다.

『무소의 뿔처럼 혼자서 가라』 이후 한국 여성 문학의 선두 작가로 자리매김된 공지영은, 5년여 침묵 끝에 동서 분단의 상징이었던 베를린 체류 경험을 장편 소설 『별들의 들판』으로 최근 엮어냈다. 여섯 편의 연작으로 이루어진 이 소설에는 파독 간호사와 광부들의 삶과 관련된 이야기가 들어 있다. 그리고 『태백산맥』, 『아리랑』의 작가 조정래가 대하 역사 소설 『한강』에 곁들인 소재 역시 바로 갖은 고생을 무릅쓰고 타지에서 외화를 벌어들인 간호사들과 광부들의 이야기다. 그만큼 이들 없이는 그 시대가 제대로 기록될 수 없다는 작가의 인식에서 그랬을 것이다. 이네들, 그리고 월남전 참전 용사들의 희생 위에서 소위 '조국 근대화'가 가능했다는 '사실'은 ― 특정인에 대한 정치적 견해와는 상관없이 ― 오래도록 기억되어야 할 일이며, 또 잊혀져서도 안 되는 우리의 애달픈 역사라는 말이기도 하다.

그런가 하면 파독 근로자들과 거의 같은 시기에 같은 공간에서 공부했던, 이미 작고한 독문학자 이정길은 마지막 장편 소설 『기억의 바다』에서 곽곽했지만 때로는 인정스럽기도 했던 파독 간호사들의 삶을 현미경으로 들여다보듯이 조명한다. 어쩌면 피와 살이 섞인 이런 증언은 함께 체험한 이들에게만 주어질 수 있는 보상이었으리라. 그래서 다음 작가 세대에서는 더 이상 가능하지 않은, 그야말로 '현실'이 아니라 픽션으로밖에 존재할 수 없을 거라는 아쉬움을 문득문득 남기는 소설로 기억된다.

가장 시의성이 두드러진 소설로는 1973년 10월에 오찬식이 「현대문학」에 발표했던 소설 『흥부전』이다. 집을 팔아 독채 전세로, 방 두어 칸

딸린 전세로, 급기야 막벌이꾼이자 사글세 신세로 전락하고마는 나태한 인물 전형으로 그려진 흥부, 그의 소망 중 하나는 큰딸이 간호사 자격증을 따서 서독에 간호사로 나가는 것이었다. 굳이 '리얼리즘'이라는 단어를 빌지 않더라도 이 대목이 정말로 피부에 와닿는 것이, 말하자면 파독 간호사란 존재는 당시 고만고만한 삶에서 온 가족에게는 마지막 희망이었던 것이다. 실제로 당시 간호사였던 누나들 덕에 빚에 찌들렸던 부모가 심지어 집도 땅도 장만할 수 있었고, 수많은 '동생'들은 대학도 가고 나중엔 독일 유학도 할 수 있었으니 더 말해 무엇하랴.

미술에서도 이들의 모습은 가끔 만날 수 있다. 1968년에 태어나 홍익대학교 판화과, 독일 브라운슈바이히와 베를린을 거친 정통 미술인인 박경주. 그런 그가 유학 시절부터 '이주 노동자'라는 주제에 침잠해 있다는 건 정말 주목하고 존경할 만한 일이다. '이주 노동자 베를린사진', '파독 간호사사진', '독일의 기억-파독 광부비디오 설치' 등의 작업들은 '파독 노동자'라는 이름으로 집단화되고 소외된 이들의 실상을 그 본질에 근접하여 포착하고 증언하려는 노력에 다름 아니다. 그중 '독일의 기억'이라는 설치 미술은 전시장부터 특이하다. 거기엔 독일산 석탄이 바닥에 깔려 있고, 파독 광부들의 이름과 고향을 뒤로 하던 날짜가 새겨져 있다. 그리고 작가가 인터뷰를 하며 만난 광부들의 현재 모습이 모니터에 등장한다. 소외된 광부들의 실상은 이민자의 정체성 문제를 이슈화하는 동시에 보는 이들의 내면에 가라앉아 있는 소외 의식을 일깨운다. 이렇게 해서 서로 다른 사람들의 감정 이입을 통한 소통이 가능하도록 하는 것이 작가의 의도이다.

파독 노동자 중에는 본래 익혔던 일로부터 새로운 직업을 개척하여 일상의 반경을 넓혀간 이가 많다. 하지만 고단했던 그간의 삶의 여정을 체로 걸러내어 예술혼으로 승화시킨 경우도 적지 않다. 이름을 널리 알리기보다는, 스스로를 삶과 화해시키고 치유하기 위한 방편으로 그림을, 수필을 택한 이들이 대부분이다.

　서독 간호사의 삶을 마감하고 함부르크 조형 미술 대학을 졸업한 뒤 독일을 중심으로 유럽, 북미 등지에서 활동하고 있는 송현숙 씨의 일관된 주제는 체험에 바탕을 둔 '문화적 정체성'이다. 그런가 하면 삶 그 자체를 예술로 승화시키는 이도 있다. 얼마 전 TV에서도 소개된 적이 있는 이인숙 씨는 귀국한 뒤 강원도 산골에서 흙집을 짓고 '생명을 살리는 농사'를 지으며 산다. TV, 컴퓨터, 냉장고 등 모든 문명의 이기를 멀리하고 자연과 어우러져 20년을 홀로 산속에서 느림의 여유를 체화시키는 인물로 세간의 주목을 받기도 했다. 그녀가 그래야만 했던 이유가 혹시 '강요된 문명세계'로부터의 자유가 아닐까 슬며시 상상해보기도 했다.

　생태학적 화두를 던지면서 독일 미술계의 주목을 끄는 또 한 사람이 있다. 사진 예술가 백기영 씨다. 갈 수 없는, 아니 돌아온다 해도 이제는 상실되어 버린 고향의 정원을 독일 땅에 일구어 사진으로 재현한 작업이 '인간적인 정원 Garten des Menschlichen'이다.

　우리에게는 다소 낯선 이런 이름들 사이에서 이미 오래 전부터 익숙해진 이는 바로 교원대 권이종 교수이다. 1964년 '파독 광부'로 3년 간 일한 후 아헨 교원 대학교에서 교육학 박사 학위와 교사 자격증을 취득하게 된 권이종 교수. 그가 펴낸『교수가 된 광부』이채 · 2004라는 책은 삶의 밑바닥에서 입신 출세한 한 사람의 개인사에서 그치지 않기에 더더욱 세간의 이목을 집중시키기도 하였다. 단지 개개 해외 노동자들의 삶과 아픔뿐 아니라 우리 나라 근대사의 서글픔을 함께 담고 있는 까닭이다.

이처럼 파독 근로자들 중엔 개인적인 성취를 통해 노동의 삶을 보상받은 경우도 많이 있지만 '이름도 빛도 없는' 봉사를 통해 신산한 삶의 균형을 유지했던 아름다운 이들은 더더욱 많다. 독일 한인 교회 여신도회 연합회의 멤버들은 주로 교회에 다니는 파독 간호사들로 이루어져 있다. 이 여신도회는 낯설고 물선 타국에서 난관에 부딪친 여성들의 문제를 찾아내고 해결하는 구심점 역할을 해왔다. 독일 교회와 연대해서 간호사들이 독일 사회에 끼친 공헌과 역할을 알렸으며, 70년대 말 독일 정부가 외국인 노동자를 강제로 송환시킬 조치를 취하자 이에 맞서 서명 운동을 벌여 우리 노동자들이 독일에 남아 있을 수 있는 길도 모색했다. 또 직접적인 자기 문제를 떠나 한국의 인권 상황을 독일 교회에 알리는 한편, 인권 운동을 위해 경제적 지원도 아끼지 않았다고 한다. 정치적인 성과를 차치하고라도, 떠나온 조국에 대한 사랑의 표현으로 그들은 작은 실천을 해왔던 거다.

재독 한인 2세들의 풍물패인 '천둥 소리'를 이끌고 있는 최영숙 씨도 그런 이들 중 하나다. 시대에 따라 그 내용과 형식은 바뀌었지만 '조국 사랑'이라는 변함 없는 의지를 가지고, 요즘도 베를린 '세계 문화의 집'에서 한국을 알리는 문화 운동을 하며 조국에 대한 끈끈한 정을 몸소 실천하고 있다. 또 어려움과 아픔을 딛고 독일 사회에 자리잡은 재독 노동자들의 역사를 기록으로 남기는 일, 이제 노년을 맞이하는 독일에서 귀국하지 않은 이들을 위한 양로원을 짓는 일, 그들을 위한 박물관을 건립하는 일 등으로 남은 시간을 자신과 고락을 같이했던 이들을 위해 아낌없이 바치려는 이들도 있다 한다.

요즘 우리 나라에서는 700만 재외 동포에 대한 관심이 깨어나고 있어 무척 다행스럽다. 물론 일차적으로 개인적인 결단으로 떠나가긴 했지만, 어려웠던 우리 사회에 직간접적으로 많은 기여를 했던 그들 광부와 간호사들의 그늘도 만만치 않다. 실상 문화가 전혀 다른 서양, 그것도 말도 잘 통하지 않는 나라에서 노동하며 산다는 것이 결코 녹록한 일이 아니었음은 쉽게 짐작할 수 있다. 지하 수천 미터 캄캄한 막장에서 죽음의 위협을 수없이 받아야 했던 광부들, 자기보다 거의 배나 무거운 독일인들을 간호하느라 몸이 망가진 간호사들 — 향수병에 걸려 정신 착란 증세를 보였던 간호사들, 손가락 한 두 개 잘려나간 광부들도 있다. 물론 작업 중 사망하거나 자살한 근로자들도 드물지 않다.

너무 늦기는 했지만, 60/70년대 조국 근대화에 기여한 파독 광부와 간호사들의 복지에 관심을 기울일 것을 촉구하면서, 파독 광부 기념관이나 기타 복지 시설 건립 사업 등을 추진할 것을 당부하는 국회의원들이 있어 다행이다. 특히 기념관 사업은 개인들의 역사를 남기는 뜻도 있지만, 더 나아가 재독 동포 2, 3세 교육뿐만 아니라 우리 나라 이민 역사의 중요한 부분으로 너무도 큰 의미를 가지기 때문이다. 이런 정치권의 움직임에 상응하듯이, 여러 방송사를 통해서도 우리가 이네들의 삶에 대한 생생한 증언들을 접할 수 있었음은 매우 다행스런 일이다.

이들은 과연 21세기 소위 세계 11위 경제 대국에서 살아가고 있는 우리에게 어떤 과제를 남겼을까? 우리 현실은 해외의 노동력을 절실히 필요로 하는 상황이다. 한국의 해외 이주 노동력 수입은 제도적인 면에서나 문화적인 면에서 아직도 시행 착오 단계에 있다고 생각된다. 그런 우리에게 이주 노동의 과거는 이 문제에 대한 해법을 암시해주고 있다.

당시 파독 노동자들의 처지와 한국에 오는 이주 노동자들은 단순 비교의 대상은 아니다. 인종 차별과 문화가 다른 데서 오는 이질감과 소외감 등은 있었지만, 일반적인 경우 우리 노동자들은 그 곳에서 기본적인 인권을 누릴 수는 있었다고 한다. 일자리로 투입되기 전 국가 지원하에 기초 독일어 교육을 받았고, 독일인과 임금도 같았고 휴가도 있었다고 한다. 80년대 초, '이런 위험한 나라'로 다시 보낸다는 것은 말이 안 된다는 이유로 교회와 지식인들이 나서서 특별 체류 허가를 내주도록 정부를 움직이기도 했다. 그리고 이들이 정신적 어려움을 극복하는 데 도움을 주기위해 독일 정부 역시 나름대로 역할을 했다. 독일 교회의 협력을 받아 한국에서 목회자를 초빙하여 이들의 정신적, 인간적 문제를 해결하는 데 도움을 주었던 것이다.

앞서 잠시 소개했던 미술가 박경주는 우리에게 많은 생각할 거리를 던져준다. 파독 노동자에 몰두했던 그의 작업은 자연스럽게 한국의 외국인 노동자 문제로 향해 있다. 귀국 간호사 중에도 현재 여성 인권 센터 모성 보호팀에서 자원 봉사를 하는 경우도 적지 않다고 한다. 30년 전 자신들의 모습을 우리 나라의 제3세계 여성 이주 노동자에게서 찾으면서 그들을 돕는 일로 보람을 찾고 있는 것이다.

우리 사회가 진정 파독 근로자들에게 '빚'이라는 개념으로 갚을 것이 있다면, 그 방법 중 하나는 이런 사람들의 방식이 되지 않을까 생각해본다. 우리도 이젠 우리에게 삶을 기대기를 원하는 이주 노동자들에게 우리나라의 전통을 해치지 않으면서 그들에게도 도움을 줄 수 있는 보다 합리적인 상생의 정책을 세워나가야 하지 않을까. 그리고 그것은 바로 우리 역사의 그늘에 서서히 묻혀져가는 한 시대의 '이름'에게 보내는 작은 감사가 되지 않을까.

에필로그

 '세월 앞에 장사 없다'는 말처럼 언제 어느 상황에서나 맞는 말도 드물다. 십여 년 독일 생활을 접고 다시 고향에 발을 붙인 지 또 십여 년. 이 짧지 않은 세월의 갈피갈피엔 먼지가 수북이 내려앉았고, 그 위로는 또 어느새 바쁜 일상이 켜켜이 자리잡았다.

 척박하던 80년대 우리 젊음을 품어 온전히 물들인 독일, 그 나라는 이방인인 우리에게 과연 무엇이었을까. 독일적인 것이란 게 우리에게 어떤 의미가 있는 것일까···. 여기서든 저기서든 시간에 목덜미를 잡혀 허겁지겁 따라가느라 이런 사치스런 물음은 한 번도 진지하고 철저하게 던져본 적도 답해본 적도 없는 것 같다.

 그래서 날짜 없는 일기를 거꾸로 써올라가듯 뒤늦게나마 이 글을 쓰며 찍어본 의문 부호는, 어쩌면 독일의 이런 저런 것을 추억하는 과정이라기보다는 오히려 스스로의 정체성에 대한 겸허한 질문이라고 해야 옳을 것 같다.

 다행히도 기억들은 눈치 없이 삐져나오는 새치처럼, 어두운 뒤뜰에 숨어 있다 햇볕 아래로 나온 술래잡기 놀이하는 아이처럼 새록새록 솟아나주었다. 하지만 와중에 익명의 독자를 염두에 두면서 공개적으로 글을 쓴다는 것이 얼마나 부자연스럽고도 애매한 일인가를 생각하면서 좌절하기도 여러 번이었다. 그러나 그런 부끄럼을 뒤로 할 수 있는 힘을 주었던 것은,

사적인 경험을 드러내 객관화하면서 자기 정체성의 실체에도 어쩌면 조금씩 가까워질 수 있었다는 인식이었다.

독일에 묻혀 있던 시간들을 이제 어디론가 떠나보내려니 왠지 홀가분하기도 서운하기도 하다. 암튼 우리 삼십 년 지기는 역부족의 프로젝트에 주눅들지 않도록, 긴 겨울을 서로 북돋워주며 견뎌냈다.

원고에서 서서히 눈을 뗄 무렵, 어느덧 길어진 봄 햇살에 아지랑이 기운마저 감돌고 있다. 착시일까. 그런데 집안의 난초들도 나름대로 힘겹게 겨울을 제치고 마알간 새 촉을 틔우고 있으니 봄은 봄이다.

2006년 5월

장미영, 최명원

독일 내면의 여백이 아름다운 나라

1판 1쇄 발행 2006년 6월 5일
1판 5쇄 발행 2014년 9월 23일

지은이 장미영 · 최명원
펴낸이 김현정
펴낸곳 도서출판리수

기획 · 홍보 김현주
북디자인 알디

등록 제4-389호(2000년 1월 13일)
주소 서울시 성동구 행당동 328-1 한진노변상가 110호
전화 2299-3703
팩스 2282-3152
홈페이지 www.risu.co.kr
이메일 risubook@hanmail.net

ⓒ 2006, 장미영·최명원

ISBN 89-90449-30-8 04810
※책값은 뒤표지에 있습니다.
※잘못 제본된 책은 바꾸어 드립니다.